COMO FAZER VOCÊ MESMO SEU

EBÓ

GEORGE MAURÍCIO & VERA DE OXALÁ
(ODÉ KILEUY)   (OLISSASSE)

COMO FAZER VOCÊ MESMO SEU

EBÓ

4ª edição
5ª reimpressão

PALLAS

Rio de Janeiro
2019

Copyright©1993
George Maurício & Vera de Oxalá

Produção editorial
Pallas Editora

Capa
Leonardo Carvalho

Ilustrações
Renato Martins

Composição
Cid Barros

Todos os direitos reservados à Pallas Editora e Distribuidora Ltda. É vetada a reprodução por qualquer meio mecânico, eletrônico, xerográfico etc., sem a permissão por escrito da editora, de parte ou totalidade do material escrito.

CIP-BRASIL. CATALOGAÇÃO-NA-FONTE.
SINDICATO NACIONAL DOS EDITORES DE LIVROS, RJ.

M414c
    Maurício, George
       Como fazer você mesmo seu ebó / George Maurício (Odé Kileuy), Vera de Oxalá (Olissasse). – 4ª ed. – Rio de Janeiro: Pallas, 2005.
       112p. il.

       Inclui bibliografia
       ISBN 978-85-347-0313-0

       1. Candomblé – cerimônias e práticas. 2. Deuses afro-brasileiros – Cultos. I. Vera de Oxalá. II. Título.

00-0712
                                    CDD – 299.67
                                    CDU – 299.6.3

Pallas Editora e Distribuidora Ltda.
Rua Frederico de Albuquerque, 56 – Higienópolis
CEP 21050-840 – Rio de Janeiro – RJ
Tel./fax: (021) 2270-0186
www.pallaseditora.com.br
pallas@pallaseditora.com.br

*Dedicamos este livro à
Célia Cristina, Natália,
Vera Ferreira (in memoriam), Paulo César,
Antonio, Eduardo, Celso e
Eglir de Oxóssi.
Ao Cid, Marcelo e Pedro
Aos filhos-de-santo e irmãos-de-santo
do Ilê Axé Vodun Odé Kileuy.*

ORAÇÃO

Ó meu glorioso e bondoso Pai Odé, caçador de glórias, de bem-aventuranças, aquele que nos traz a prosperidade, a fartura, o pão de cada dia, dai-nos a certeza de que no nosso cotidiano a sua presença seja uma constante.

Amantíssimo Rei do Keto, peço em nome de Orunmilá, Ifá, Oduá e Orixalá, pela corte de Olorum, que traga a paz ao nosso tão agitado mundo, saúde aos nossos doentes, esperança às nossas crianças, paz e tranqüilidade aos nossos idosos, ilumine nossos políticos Pai, para que saibam fazer o melhor pelo nosso Brasil.

Ó meu Pai Odé, perdoe nossas injúrias, nossas lamentações, dai-nos forças para prosseguir o nosso caminhar, resignação Pai, para aceitar tudo aquilo que Vós achais que mereçamos.

Que no meu caminho, no meu dia a dia, sua companhia seja mantida, que sua lecha corte todos os nossos males e inimigos ocultos.

A meu Pai Oxalá, que seu "alá" nos cubra de muita paz, saúde, prosperidade, amor e união.

Odé Bassifuó.
Odé Opá Elegi
Mojúbá Axé.

Aos radialistas que ajudam a divulgar e levantar o nome do Candomblé, a nossa homenagem:

Regina de Oxóssi
Celinha de Omolu
Gina de Oyá
Vanda de Oyá
Bambina Bucci
Dalva de Oxum
Mara de Iemanjá
Ana da Cigana Natacha
Mãinha de Oyá
Nelson de Ajansun
Grei de Oxóssi
Wilson de Oxóssi
Marcos de Oxóssi
Elias de Iansan
Paulo de Xangô
Sérgio de Iansan
Reinaldo de Xangô
Angelo de Ossain
José Beniste
Guilherme de Ogum
Jair de Ogum
Josemar de Ogum,

e a muitos e muitos outros que, porventura, tenhamos esquecido.

Nossa carinhosa homenagem às Ialorixás:
Mãe Senhora Obá Ladê
Mãe Labiim de Nanã
Mãe Ditinha de Oxum
Jacira de Xangô
Helena de Bessem
Iara de Oxum
Meninazinha de Oxum
Odé Nirê, de Logun-Edé
Kaiogy de Omolu
Zil de Omolu, da Cajazeira Onze (Salvador)
Antonia Obá Aganju
Isabel de Oyá
Ladir Oyá Iberô
Orlandina de Oxum
Neusa de Iansan
Mirtéia de Ogum
Glória de Oxum (tia Togüeno)
Nanga de Iansan
Flora de Exu
Mariazinha de Iansan (Nilópolis)
Kita de Iansan

e às demais mães-de-santo que, com amor e carinho, dedicação e fé, ajudam seu próximo em suas necessidades.

A nossa homenagem aos ogans:
Marcelo Barros (Babá Otum)
Rodrigo Marajá
Reinaldo de Souza Dias
Duda de Oxoguian
Kakalo de Oxóssi
Paulo Lopes de Xangô
Kassilengi
Ailton de Oxóssi
Aderbal de Airá
Dijaruti (Papai)
Bangbala
Ari Araujo (Babazinho)
Waldirzinho de Xangô
Bira de Oxoguian
Nicinho de Salvador
Jorge de Oxoguian
Orlando de Xangô
Mazinho de Nanã,

e a todos os ogans que enaltecem e engrandecem o Candomblé, com seus toques divinos e suas vozes possantes.

Aos Babalorixás:
Marco Antonio de Oxóssi
Sérgio de Ogum (Gunekan)
José Luis (Tata Mão-Benta)
Maurílio (Danda de Oxum)
Miltão de Oxóssi
Beto de Oxóssi
Hugo (Kamilessí)
Gilberto (Neganssu)
Alcir (Oyá Nilê)
Oyá Gindê
Horácio de Logun-Edé
Américo de Oxóssi
Odé Tayó
Tatá de Oyá
Prof. José Roberto, de Omolu
Jorge Emanuel (Xangozinho)
Jesus de Orixalá
Francisco de Iemanjá
Sócrates de Oyá

e a todos aqueles que lutam pelo seu semelhante com carinho e abnegação, a nossa Homenagem.

HOMENAGEM ESPECIAL

A Rui Matias da Cunha (Rui de Oxoguian), Artur Ribeiro (Odé Cialê), Maria de Lourdes Boana (Ominibu) e Mariazinha de Iansan (Nilópolis).

AGRADECIMENTO ESPECIAL

Nosso agradecimento à Pallas, na pessoa de seu diretor Antonio Carlos Fernandes, e seus editores Cristina Warth e Ari Araújo, pela amizade e confiança em nosso trabalho.

Por acreditarem que o Candomblé pode crescer muito através do ensinamento escrito, e que os jovens escritores devem ter também a sua vez.

IN MEMORIAN

Mejitó de Vodunjó, Natalina de Oxum, Mãe Tansa de Nanã (Cacunda de Iaiá).

Apresentação

Rírú ebo ni igbeni
Aìrú kí ígbè enian
Oferecer sacrifícios traz bênçãos
para quem oferece.
Recusar-se a fazê-los significa
desastre.

(dito popular iorubá)

A publicação de livros versando sobre os sabores negro-brasileiros implica em grande responsabilidade por parte de todos nela envolvidos: autores, editores, leitores. E, não apenas porque todo texto merece tratamento editorial apurado, como também pelas características intrínsecas aos saberes afro-indígenas que milenarmente utilizaram-se da oralidade como garantia de sua preservação. Infelizmente, ao contrario de outros países - por razões que não cabem aqui detalhar - observamos, no Brasil, um tal volume de simplificações, deformações, deturpações e **omissões** *que chegam a pôr em risco o arcabouço destes saberes, já tão massacrado pelo preconceito, pela discriminação, pela violência policial e, contemporaneamente, pelos efeitos deletérios da comunicação de massa.*

Cabe, portanto, a gente séria e competente - como é o caso do **Babalorixá** George Maurício e **Ebami** Vera de Oxalá - reivindicar das editoras a publicação de seus textos; cabe a editoras como a PALLAS a avaliação criteriosa dos originais e o tratamento de livro de primeira categoria há tanto exigido por este tipo de literatura; e cabe ao público a crítica desapaixonada e construtiva, mas veemente, acompanhada da exigência de textos de alta qualidade que confiram aos saberes negro-brasileiros o **status** de **conhecimento** que têm, não permitindo que sua divulgação os arraste à vulgarização - no sentido de acanalhamento - deformadora, oportunista e abandalhada.

E é à crítica do público leitor que submetemos este **Como fazer você mesmo seu ebó**, certos de estarmos apresentando um trabalho da mais alta qualidade, provando que a simplicidade e a eficiência andam de par, possibilitando a solução dos mais variados problemas de forma simples e descomplicada, mas rápida e eficaz.

E, isto, versando sobre tema da maior relevância no contexto deste saber - que Muniz Sodré, magistralmente, define como **saber ritual -**, o da prática do ebó.

E, o que vem a ser **ebó (ębọ**, em Iorubá). O termo significa sacrifício, tomado como **sacrifício ritual**, composto de oferendas, preceitos e demais procedimentos rituais capazes de possibilitar a redistribuição de **axé**, e de manter o equilíbrio indispensável à relação vida/morte. Tomar e restituir, propiciar redistribuindo, esta é a lógica do sistema. E esta troca dá-se a nível concreto e simbólico, a um só tempo, através do **ebó**.

"Insistimos repetidas vezes - diz Juana Elbein - que toda dinâmica do sistema Nàgô está centrada em torno do ębọ, da oferenda. O sacrifício em toda sua vasta gama de propósitos e modalidades, restituindo e redistribuindo àse, é o único meio de conservar a harmonia entre os diversos componentes do sistema, entre os dois planos da existência, e de garantir a continuação da mesma."

... "É a devolução que permite a multiplicação e o crescimento. Tudo aquilo que existe de forma individualizada deverá restituir tudo que o filho protótipo [Exu] devorou."

Cada indivíduo "está constituído, acompanhado por seu **Èṣù** individual, elemento que permitiu seu nascimento, desenvolvimento ulterior e multiplicação; para que ele possa cumprir seu ciclo de existência harmoniosamente, deverá imprescindivelmente restituir, *através de oferendas, os 'alimentos', o àṣẹ devorado real ou metaforicamente por seu princípio de vida individualizada. É como se um processo vital equilibrado, impulsionado e controlado por Éṣù, fosse baseado na absorção e na restituição constantes de 'matéria'."* *

O ebó (sacrifício) impõe-se, portanto, como necessidade, não somente nas horas difíceis, quando é realizado visando a "reverter" a situação e mudar para melhor, bem como em situações normais e confortáveis quando, então, é feito para manter e melhorar a sorte.

Destarte, o ebó pode constituir-se de diversos tipos de sacrifício, desde aqueles de comunhão e agradecimento (ẹbọ ọpẹ̀ àti ìdàpọ̀); aqueles votivos (ẹbọ èjẹ̀), destinados à realização de pedidos específicos; aqueles chamados propiciatórios (ẹbọ ètùtù), feitos para abrandar a ira e acalmar o Orixá ou, ainda, com o objetivo de purificação de males; aqueles preventivos (ẹbọ ojúkòríbi), para afastar e evitar calamidades ou maldades; aqueles destinados a "alterar um acordo" (ẹbọ ayèpínùm), no caso mais comum, acordo feito por um feiticeiro com determinada Entidade, à qual o elemento visado oferece outra "vítima substituta" em seu lugar (vida, por vida); até aqueles realizados para "fundamentos" (ẹbọ ìpilẹ̀), tais como "plantar" o axé de uma casa, por exemplo.**

A prática do ebó, portanto, impõe-se como uma necessidade, a fim de manter o equilíbrio vital, prevenir-se contra a maldade alheia, prosperar, obter vida longa e saudável, encontrar o par ideal, possuir boa prole, propiciar sua ancestralidade, comungar com a harmonia do Cosmo.

Ao decidir-se fazê-lo, certifique-se de que seus motivos são justos e acertados, cumpra o ritual com correção, faça seus pedidos empenhando toda determinação e vontade. Na verdade, é uma parte de você que você está dando, em troca do objetivo pretendido. Faça com fé e, certamente, obterá o que deseja e não se permita usar da magia - dom exclusivo do homem como espécie - para fins menores e mesquinhos.

---

* SANTOS, Juana Elbein dos. *Os Nàgô e a morte*. Rio de Janeiro, Ed. Vozes, 1976, p. 161-162.
** Para maiores esclarecimentos, consultar *Crenças yorùbá e ritos sacrificiais*, de J. Omosade Awolalu. Rio de Janeiro, Ed. Centro de Estudos e Pesquisas de Cultura Yorubana (*mimeo.*).

Os elementos para tanto, Odé Kileuy e Olissasse lhe **proporcionam com este Como fazer você mesmo seu ebó.** *Boa sorte, e* **ẹbọ á fín**, *ou seja, que o seu sacrifício seja auspicioso.*

Ari Araujo

Sumário

Apresentação *XIII*
Introdução *1*
Esclarecimentos úteis *3*
Oferendas e preceitos para os Orixás *7*
Preceitos para Odus *33*
Defumadores *49*
Banhos *51*
Rezas Fortes *57*
Pós para todos os usos *59*
Simpatias para todas as necessidades *61*
Ebós para todos os fins *77*
Índice Temático *92*

Introdução

A cada dia que passa o mundo está mais carente. Essa carência transparece na fisionomia das pessoas com quem cruzamos nas ruas. São pessoas necessitadas de amparo, carinho e amor. Faltam-lhes trabalho, moradia, alimentação. E falta também a fé e a crença nos ensinamentos doutrinários que recebem e que, muitas vezes, lhes são dados incompletos ou somente através de pagamento.

Através deste livro, Odé Kileuy e Vera de Oxalá transmitem ensinamentos práticos e confiantes, de acordo com suas necessidades. Fáceis de fazer e econômicos. Procure em cada página e em uma delas poderá estar a solução de seus problemas, sejam eles amorosos, econômicos ou de saúde.

Você deverá estar com seu coração aberto, com seu corpo limpo e somente com a intenção de receber e dar agrados a seu Orixá. Tenha em mente que o bem puxa o bem, e o mal traz resultados nem sempre compensadores.

Todos devemos compreender o quanto o Candomblé tem de beleza e pureza em suas raízes, e não devemos deixar isso acabar e nem que as pessoas pensem que trabalhamos somente para "perturbar" ou "atrapalhar" a outrem, e sim, que estamos em condições de ajudar, através dos Orixás, ao nosso próximo. E, às vezes, este próximo está muito próximo.

Em seu programa* na Rádio Mauá-Solimões, Odé Kileuy é constantemente solicitado a prestar ajuda espiritual e, segundo a grande maioria de seus ouvintes, seus problemas encontram solução nos ebós, pós, perfumes e comidas para Orixás, ensinados por ele.
Leia com atenção e procure a sua solução.
Com certeza vai dar certo.

Os Autores*

---

* Programa "Os Odus e Voduns do Candomblé", Rádio Mauá-Solimões, todas as segundas-feiras, às 23:00h.
** O babalorixá George Maurício tem sua roça - o Ilê Axá Vodun Odé Kileuy - à Rua Marcílio Rizzo, 110 - Edson Passos - Rio de Janeiro, RJ - Tel. 796-2046

Esclarecimentos Úteis

Para que você possa usufruir melhor dos ensinamentos contidos neste livro, é necessário que saiba preparar certos tipos de comida-para-Santo. As quantidades ficam por conta de suas necessidades. Lembre-se: para os Orixás o importante não é a quantidade, e sim a qualidade e o amor com que se o faz.

ACAÇÁ BRANCO

Procure comprar uma farinha de acaçá bem branquinha. Coloque um litro de água e 5 colheres de sopa (cheias) de farinha no fogo. Mexa bem até abrir fervura. Cozinhe por aproximadamente 15 minutos. Pegue folhas de bananeira e corte-as em pedaços regulares. Limpe-as com um pano úmido, em seguida passe-as pela chama do fogão, rapidamente. Dê-lhes um formato de copo, vá colocando o mingau de acaçá (1 colher de sopa cheia) e dobre-as. Deixe esfriar e use. (O acaçá deverá ficar com formato de pirâmide.)

ACAÇÁ VERMELHO

Tal como o acaçá branco, sendo feito com fubá.

ACARAJÉ

Cate bem o feijão fradinho. Passe num moinho, de cereais, de forma que não triture demais os grãos. Ponha de molho por aproximadamente 10 minutos. Em seguida, esfregue com as mãos até que a casca se solte e você possa retirá-las, trocando várias vezes a água. Passe novamente no moinho, até obter uma massa consistente. Acrescente cebola ralada e sal a gosto. Com uma colher de pau, bata até obter uma massa bem leve e crescida. Frite em pequenas porções (colher de sopa cheia) em dendê ou azeite doce (conforme o Orixá).

É importante citar que é obrigatório, ao se fritar acarajé, que os 9 primeiros sejam jogados na porta da rua; em seguida, jogue água.

AXOXÓ

Procure comprar um milho vermelho bem novinho. Cate-o. Ponha para cozinhar até que os grãos se abram. Em seguida acrescente uma colher (de chá) de sal. Deixe ferver por mais 10 minutos. Escorra e coloque num alguidar (ou travessa de barro) e enfeite com fatias de coco. É muito bom acrescentar, no meio, um pedaço de carne crua (lagarto redondo).

BOLA DE ARROZ

Cozinhe bem o arroz (branco), até que este fique papa. Soque bem, enrole dando o formato de bola.

BOLA DE FARINHA

Coloque num recipiente a farinha de mesa crua. Acrescente água, misture e faça as bolas.

BUBURU (de milho alho)

Numa panela coloque areia de praia (ou de rio) e esquente bem. Acrescente o milho alho. Tampe a panela, sacuda-a bem e deixe estourar, em fogo brando. Retire e vá coando em peneira de palha.

Nota: o buburu de milho vermelho é feito da mesma forma.

O buburu também poderá ser feito em azeite doce ou azeite-de- dendê. Neste caso, suprime-se a areia.

EBÔ

Procure uma canjica nova e bem branquinha. Cate bem. Lave-a e ponha no fogo. Quanto estiver bem cozida torne a lavar para tirar o excesso de goma.

EBÔ IÁ
Canjica cozida temperada com camarão seco socado, cebola ralada, azeite-de-dendê ou azeite doce. (Para fazer o Ebô Iá não é necessário tirar a goma da canjica.)

EKURU
O mesmo processo da massa de acarajé, sem usar o sal e a cebola. Enrolar igual ao acaçá, cozinhar no vapor. (Obs.: a mesma pessoa que enrolar o ekuru deverá ser a que irá desenrolá-lo.)

OMOLOCUM
Cate o feijão fradinho e leve ao fogo com água. Quando o feijão estiver cozido e com pouca água, acrescente camarão socado, cebola ralada, azeite-de-dendê ou azeite doce. Mexa e deixe apurar até formar creme pastoso.

MARIÔ
Retire de um dendezeiro a folha do meio. Com uma faca afiada divida a folha em duas (pelo centro). A talisca da folha deve ser retirada e a folha em si desfiada. As taliscas são usadas no "Inhame de Ogum", xaxará e ibiri. O mariô é usado em portas e janelas, para defesa. (Mulher não deve desfiar mariô e nem os filhos de Ogum.)

Oferendas e Preceitos para os Orixás

Exu

Como Agradar Exu

1 alguidar número 4
1 farofa feita com azeite-de-dendê, azeite doce, água e uma pitada de sal*
7 ovos crus
7 maçãs
1 cacho de uvas
1 obi aberto
7 velas brancas ou vermelhas
1 charuto
bebida doce (cinzano)

Modo de fazer:
No alguidar coloque a farofa. Por cima vá pondo os ovos crus, as maçãs, o cacho de uvas, o obi aberto. Ao redor coloque as velas acesas e o charuto, também aceso. Quem tiver a casa de Exu, coloque nela. Quem não tem, arrie numa encruzilhada aberta. (Você pode oferecer qualquer tipo de fruta, menos banana.)

---

* Ponha a farinha de mesa (crua) no alguidar e misture os ingredientes. Quem, no entanto, estiver acostumado a oferecer as farofas em recipientes separados, ou, ainda, fazê-las separadamente e arrumá-las num só alguidar, pode fazê-lo. O Orixá também aceita.

Como dar um Presente ao Exu Odará

(Odará é o Exu da paz e dos bons caminhos. É o verdadeiro Exu de Orixalá. Este Exu é positivo e muito próspero. Traz paz e tranqüilidade.)

1 alguidar número 6
1 abóbora pequena de casca branca
1 farofa de azeite doce com uma pitada de sal
1 peixe bagre pequeno (não escame, só retire as vísceras)
10 acaçás brancos desembrulhados
10 moedas correntes, lavadas
10 quiabos crus
1 obi claro aberto
bebida doce (vinho branco)
10 maçãs verdes, lavadas
10 velas acesas ao redor
1 metro de morim branco
1 pouco de efun

Modo de fazer:
Forre o chão com o morim.
Lave o alguidar. Abra a abóbora, corte uma tampa no sentido horizontal. Tire as sementes.
Coloque a farofa dentro da abóbora, o peixe, os acaçás, as moedas, os quiabos com o rabinho para fora, as maçãs, o obi por cima. Rale o efum e polvilhe tudo.
Coloque a bebida ao lado. Jogue um pouco da bebida dentro da abóbora. As velas, acesas, ao redor.
Deixe arriado 24 horas na sua casa de Exu.
Quem não tiver casa de Exu, coloque numa encruzilhada de barro.

Presente para o seu Exu Abrir seus Caminhos e Trazer Dinheiro

1 alguidar número 3
farofa de mel e azeite doce, com uma pitada de sal

7 velas de cera de 30 cm
7 corações de galinha, crus
7 moedas correntes, lavadas

Modo de fazer:
Coloque dentro do alguidar a farofa. Por cima da farofa vá plantando os corações e as moedas. Ofereça nos pés do seu Exu e acenda as velas. Faça os seus pedidos. Acenda durante 7 dias, sempre no mesmo horário. Após o sétimo dia, despache em uma encruzilhada aberta.

Presente para Exu no Período de Carnaval

1 alguidar número 4
farofa de azeite doce, água, mel e uma pitada de sal
1 pedra de carvão vegetal
1 ovo cru
1 bife sem osso
7 rodelas de cebola
7 velas vermelhas ou brancas
1 charuto
bebida doce

Modo de fazer:
Coloque no alguidar a farofa, no centro coloque a pedra de carvão vegetal. Acrescente o ovo, o bife, as rodelas de cebola.
Acenda as velas ao redor e também o charuto, aceso.
Ofereça a bebida e faça seus pedidos.

Como Fazer um Ixu (inhame) para o seu Exu

1 inhame do norte
1 pedaço de mariô
azeite-de-dendê
1 vela

Modo de fazer:
Lavar bem o inhame, passar dendê e assar. Depois de assado enrolar todo com mariô. Deixar esfriar e colocar em cima do Exu.
Obs.: Se for Odará passe azeite doce.

Presente para Exu Lonan
(Exu Lonan é o Bara dos caminhos.)

Para prosperar e dar caminho.

1 alguidar n° 4, todo forrado com folhas de mamona, sem o talo
1 farofa de dendê e azeite doce, com uma pitada de sal
1 inhame do norte, assado em um braseiro
2 acaçás brancos
2 acaçás vermelhos
4 moedas atuais, lavadas
4 conchas do mar
4 ovos vermelhos, crus
4 velas brancas
4 pimentas-da-costa

Modo de fazer:
Coloque a farofa dentro do alguidar forrado, ponha o inhame por cima, no sentido vertical; os acaçás em volta, desembrulhados. Enterre as moedas e as conchas em cada acaçá. Por último, coloque os ovos, ao lado. Procure uma estrada de terra. Ande com o presente nas mãos por pelo menos uns 200 metros e vá chamando por Exu Lonan e fazendo os seus pedidos. (A partir do momento que você começar a caminhar, vá mastigando 4 pimentas-da-costa. Após oferecer o presente, borrife as pimentas por cima da oferenda.) Boa sorte! E, com certeza, vai dar certo.

Pomba-Gira

Presente para Maria Padilha
Para conseguir todas as suas necessidades.

1 bife de boi
1 prato de barro
7 acarajés
7 velas vermelhas
7 rosas vermelhas
7 cigarrilhas
7 maçãs vermelhas
1 garrafa de licor de anis

Modo de fazer:
Passe o bife simbolicamente sobre seu corpo e coloque-o no prato. Em seguida, faça o mesmo com os acarajés e coloque-os por cima do bife. Passe as maçãs e as rosas sobre seu corpo e vá arrumando ao redor. O mesmo com as cigarrilhas acesas. Por último abra o licor e despeje em volta. Coloque numa encruzilhada de barro. Faça seus pedidos à Maria Padilha.

Presente para Maria Molambo
Para pedir amor, dinheiro e progresso

1 alguidar número 4
1/2 k de farinha de mesa
7 gemas de ovos
1 pouco de azeite doce
1 vela de cera (30 cm)

Modo de fazer:
Misture a farinha com as gemas e o azeite doce dentro do alguidar. Vá fazendo seus pedidos. Arrie na casa de Exu ou numa encruzilhada aberta. Acenda a vela ao lado.
Nota: se quiser ofereça uma bebida doce.

Presente para a Pomba Gira Cigana

7 qualidades de frutas (menos banana)
vidro de perfume
7 rosas vermelhas ou amarelas (sem espinhos)
1 batom
7 qualidades de doces finos (de preferência sírios)
1 baralho
1 lenço fino estampado
7 velas amarelas
7 ramos de incenso
1 garrafa de champanhe
1 maço de cigarros

Modo de fazer:
Procure um campo bem bonito. Abra o lenço e arrume as frutas, as rosas, os doces finos e os demais ingredientes num formato bem bonito. Acenda os ramos de incenso em volta e as velas. Jogue um pouco de perfume por cima de tudo. Abra o champanhe e borrife um pouco por cima do presente.

Ogum

Para Ogum abrir os Caminhos

1 inhame do norte cozido
1 alguidar médio lavado
7 velas
1 acaçá branco
1 acaçá vermelho
14 taliscas de mariô
14 moedas atuais

Modo de fazer:
Depois do inhame cozido, parti-lo ao meio, no sentido vertical. Colocar no alguidar. Em cada parte enfiar 7 talos de mariô. Coloque num lado o acaçá branco e no outro o acaçá vermelho. Faça o mesmo com as moedas (7 de cada lado). Numa parte coloque mel, na outra dendê.

Oferecer a Ogum numa estrada de muito movimento. Rodeie com as 7 velas acesas. Se for perto do mato, cuidado para não pegar fogo.

Presente para Ogum
Para abrir caminhos, trazer dinheiro, prosperidade, clientes, enfim, para trazer muita sorte para dentro de sua casa.

1 inhame do norte assado
1 alguidar médio
21 moedas correntes lavadas
21 taliscas de mariô
1 acaçá branco
1 acaçá vermelho
1 pouco de dendê e mel

Modo de fazer:
Asse o inhame na brasa. Se necessário, dê uma raspadinha para tirar o excesso de negrume. Coloque-o dentro do alguidar. Vá enterrando os talos do mariô e chamando por Ogum. Faça o mesmo com as moedas. Coloque os acaçás, um em cada ponta do inhame. Regue com um pouco de dendê e mel, 1 pitadinha de sal. Acenda uma vela e faça seus pedidos a Ogum.

Coloque no muro, ao lado do portão ou no chão, na entrada do portão. Se você morar em apartamento, coloque dentro de sua casa, atrás da porta de entrada.

Presente para Ogum

Banho de Ogum, para Clarear

guiné
abre-caminho
aroeira
panacéia
bétis cheiroso
bilreiro
7 caroços de milho vermelho

Modo de fazer:
Coloque tudo dentro de uma panela com água e deixe cozinhar por 30 minutos. Ponha para esfriar. Tome seu banho normal e depois jogue este banho da cabeça aos pés. Jogue as folhas num rio de águas limpas ou num matinho limpo. Se quiser, depois deste banho faça um defumador com incenso, benjoim, alecrim do campo e alecrim da horta, da porta da rua para dentro, e boa sorte.

Outro Presente para Ogum
Para tirar todas as brigas, falsidades, traições, enfim, todas as fofocas e guerras do seu caminho, ou de um grande amigo.

1 alguidar número 4
1 inhame do norte assado (na brasa)
48 taliscas de mariô
21 acaçás brancos pequenos
1 bandeira branca
7 velas brancas

Modo de fazer:
Coloque o inhame assado no alguidar e vá espetando os mariôs um a um e chamando por Ogum. Em seguida acrescente os acaçás. Finque a bandeirinha no meio do inhame e vá pedindo a Ogum - em nome de Iemanjá e Orixalá - paz.

Procure uma palmeira bem alta e ofereça o presente a Ogum. Rodeie com as velas acesas. Faça todos os seus pedidos. Quem tiver Ogum assentado, pode colocar aos seus pés.

Obs.: É muito bom regar o inhame com azeite doce.

Oxóssi

Comida para Oxóssi
1 alguidar número 3
1/2 k de feijão fradinho
1 coco
azeite doce
1 vela de cera de 30 cm

Modo de fazer:
Cate o feijão fradinho. Deixe de molho por 20 minutos. Escoria e coloque numa panela com um pouco de sal e azeite doce, deixe torrar, sem queimar. Quando estiver torrado, coloque dentro do alguidar. Enfeite com coco em fatias, deixe esfriar e ofereça a Oxóssi. Acenda a vela. Faça seus pedidos e boa sorte!

Presente para Oxóssi

1 cesto de vime, médio
7 espigas de milho verde, desfiadas, em volta
1/2 k de milho vermelho, bem cozido, com uma pitada de sal, num alguidar (axoxó)
1 pedaço de carne (lagarto) crua, colocada em cima do milho cozido
1 bengala de madeira
7 qualidades de fruta
7 acaçás brancos, desembrulhados
7 acaçás vermelhos, desembrulhados
7 moedas atuais, lavadas

7 gomos de bambu
7 gomos de cana
1 orobô inteiro
1 obi aberto
7 velas acesas ao redor
2 cornos de boi

Modo de fazer:
Arrume o axoxó num alguidar e coloque dentro do cesto de vime. Vá colocando, ao seu gosto, os demais ingredientes, arrumando bem bonitinho. Procure uma mata de árvores bem frondosas localizada numa colina, ou morro. Coloque o cesto na cabeça e suba o máximo que puder, procure uma árvore bem bonita, e arrie. Bata um chifre no outro, clamando por Oxóssi (Odé). Peça tudo de bom. Ponha os chifres por cima de tudo. Acenda as velas ao redor. Muito cuidado ao acender as velas, para não colocar fogo no mato. Se você for deste Orixá, não vá sozinho.

Obs.: antes do presente, se você é de Odé, tome um bartho com as seguintes folhas: espinho-cheiroso, abre-caminho, alecrim-do-campo, alecrim-da-horta e fortuna.

Preceito para Oxóssi
Para nunca faltar, durante o ano todo, alimentação e fartura.

Obs.: Este preceito só pode ser feito na primeira quinta-feira do ano.

punhados de milho vermelho (medida da mão direita)
1 tigela média
1 vela de cera (30 cm)

Modo de fazer:
Cate os milhos; os quebradinhos e podres jogue no pé de uma planta. Coloque os bons dentro da tigela e ponha um pouco de água, o suficiente para cobrir os grãos. Arreie atrás da porta de entrada de sua casa. Acenda a vela ao lado. Só retire dali quando os grãos começarem a brotar.

Quando isto acontecer, faça um buraquinho no seu jardim e semeie os milhos. Jogue um pouquinho de terra por cima, de forma que não cubra os brotinhos. E deixe o milho crescer. Conforme o pé for crescendo, vá fazendo seus pedidos.

Outro Preceito para Oxóssi
Para abrir seus caminhos, trazer fartura e principalmente dinheiro.

1 k de feijão fradinho
1 pitada de sal
1 pedaço de pano branco

Modo de fazer:
Cate o feijão (os ruins, jogue numa planta) e lave-o. Torre-o numa frigideira, aos poucos, em fogo brando, com uma pitada de sal. Deixe esfriar. Divida em quatro partes iguais e ponha em cada cômodo da casa. Após o quarto dia junte todos. Torne a dividir em quarto partes. A primeira coloque numa praça de muito movimento; a segunda, num matinho; a terceira, num rio de água limpa e a quarta, na porta de um banco. Boa sorte!

Um Presente para Oxóssi

7 qualidades de frutas
1 alguidar número 3
7 espigas de milho (verdes)
1 orobô
1 vela de cera (30 cm)

Modo de fazer:
Passe tudo sobre seu corpo, simbolicamente. Coloque dentro do alguidar e faça seus pedidos a Oxóssi. Deixe dentro de sua casa. Após o sétimo dia, coloque num matinho ou em um jardim.

Mais um Preceito para Oxóssi

1 chifre de boi (grande) ou de búfalo
Coloque dentro do chifre:
1 punhado de milho vermelho cru
1 punhado de feijão fradinho cru
1 punhado de arroz cru
1 punhado de feijão preto cru
1 punhado de milho alho cru
1 punhado de açúcar
1 punhado de sal
1 punhado de pó de café
1 ímã
1 obi
1 orobô
1 búzio aberto
1 moeda atual
1 noz moscada inteira

Ao terminar, feche a boca do chifre com um pedaço de couro ou um pedaço de morim. Amarre com palha da costa. Coloque pendurado em cima da porta de entrada. Quem tiver roça, coloque na cumeeira do barracão. Este preceito só pode ser feito na Sexta-feira da Paixão.

Um Presente para Oxóssi Suspender sua Vida

Principalmente para os filhos de Oxóssi.
1 alguidar número 5, lavado
7 espigas de milho verde, bem bonitas
7 orobôs inteiros
1/2 kg de feijão fradinho torrado no dendê, com uma pitada de sal (lave o feijão antes de torrá-lo)
7 fatias de coco, cortadas grossas
7 velas grossas brancas

Modo de fazer:
Arrume as espigas dentro do alguidar, de forma que a parte mais fina fique para cima; uma no meio e as seis em volta.

Ajabó para Xangô

Passe os orobôs simbolicamente pelo seu corpo, de baixo para cima. Coloque-os ao lado de cada espiga. Jogue o feijão por cima. Enfeite com as fatias de coco.
Ofereça em cima de uma árvore bem frondosa ou frutífera.
Acenda as velas ao redor.
Faça este preceito pela manhã, em Lua Cheia, Crescente ou Nova.
Coloque roupa clara.
Obs.: Se você for de Oxóssi, leve 2 chifres de boi e bata um no outro, clamando por Odé. Se puder, passe um passarinho pelo corpo e solte-o. Leve uma pessoa junto, não vá sozinho. Boa sorte!

Xangô

Um Ajabó para Aganju Abrir os seus Caminhos

1 tigela branca
5 quiabos cortados em rodelas finas
5 noz moscada raladas
5 moedas atuais
mel
açúcar mascavo
1/2 copo de água
5 velas

Modo de fazer:
Coloque tudo dentro da tigela e bata com a mão direita. Peça tudo de bom a Aganju. Logo após, coloque cinco cocadas brancas e 5 balas de leite dentro da tigela.
Rodeie com 5 velas e ofereça a Aganju.
Após cinco dias, despache num jardim ou numa árvore frondosa.

Amalá para Xangô

1 quilo de quiabo (cortar em rodelas finas)
1 pouco de camarão seco (socado)
3 cebolas brancas (raladas)
1 xícara de azeite-de-dendê
1 xícara de azeite doce
3 xícaras de água
1 orobô ralado
7 quiabos crus para enfeitar
1 alguidar ou gamela
7 acaçás

Modo de fazer:
Coloque tudo numa panela e deixe cozinhar por 20 minutos. Forre a gamela ou alguidar com um pirão feito de acaçá ou de farinha de mesa. Coloque o amalá por cima e enfeite com os 7 quiabos. Coloque os 7 acaçás por cima. Ofereça a Xangô bem quente.

Ossain

Presente para Ossain
Para saúde e misericórdia, em geral.

1 alguidar número 3
1 kg de farinha crua
5 pedaços de fumo de rolo
5 búzios abertos
5 moedas atuais, lavadas
5 cachimbinhos de barro
5 panelinhas de barro pequenas
5 acaçás brancos
1 garrafa de vinho rascante
5 velas verdes
1 garrafa de mel

Modo de fazer:
Faça uma farofa com bastante mel. Coloque no alguidar e arrume em cima da farofa, em círculo, o fumo, os búzios, as moedas, os cachimbinhos e os acaçás. Em volta do alguidar, no chão, arrume as panelinhas, cheias de vinho. Acenda as velas e faça seus pedidos, em uma mata aberta.

Iansan

Presente para Oiá (Iansan)
Para abrir seus caminhos e lhe defender de todos os males.

9 palmos de morim branco
9 acarajés vermelhos (fritos no dendê)
9 moedas atuais
9 velas brancas
9 quiabos, crus, inteiros

Modo de fazer:
Procure um bambuzal. Abra o morim à sua frente. Passe os acarajés pelo seu corpo e coloque-os em cima do morim. Logo em seguida, as moedas, as velas apagadas e os quiabos. Acenda as velas e coloque ao lado do morim. Vá fazendo seus pedidos à Iansan e com certeza vai dar certo.

Bessem

Presente para Bessem
Para saúde

1 kg de batata-doce cozida sem casca
1 prato branco fundo

5 ovos crus
mel
5 velas brancas

Modo de fazer:
Amasse a batata com um pouco de mel e dê-lhe formato de poço. Quebre os ovos, um a um, dentro do poço, e deixe as cascas dos ovos também. Procure um riacho e ame o presente. Rodeie com as velas acesas e faça seus pedidos a Bessem. Peça muita saúde e paz.

Iemanjá

Talismã para Iemanjá
Fazer dia 02 de fevereiro, para energia positiva.

1 tigela branca média
água mineral sem gás
1 pedra de cristal
1 vela
1 colher de sal (chá)

Modo de fazer:
Coloque o cristal dentro da tigela e cubra com a água mineral sem gás e deixe uma noite e um dia do lado de fora, com a vela acesa ao lado. Após as 18:00 horas retire do tempo. Despeje a água numa planta e guarde a tigela, Coloque o cristal em sua bolsa ou se quiser deixe-o dentro da tigela numa estante.
Obs.: Somente você pode colocar as mãos neste cristal.

Presente para Iemanjá nos Primeiros Dias do Ano

1 corvina
moedas atuais, lavadas
1 obi claro
1 prato
10 folhas de fortuna
azeite doce

Modo de fazer:
Forre o prato com as folhas de fortuna, lavadas. Pegue o peixe, abra e tire as vísceras, mantendo as escamas, nadadeiras e guelras. Recheie com as moedas. Coloque em cima das folhas de fortuna. Abra o obi e, segurando com ambas as mãos, leve-o próximo à boca e faça seus pedidos. Feito isso, coloque os dois gomos do obi dentro do peixe. Faça uma carta com todos os seus pedidos à Iemanjá, Averequete e Olokum. Assine-a. Ponha na boca do peixe a carta. Regue tudo com azeite doce. Entregue às ondas do mar. Boa sorte.

Outro Presente para Iemanjá
Para ser feito no dia 02 de fevereiro.

1 prato laminado
1 manjar, com bastante baunilha
1 carta, com os pedidos e assinada

Modo de fazer:
Coloque a carta dentro do prato e ponha o manjar por cima. Leve este presente a uma praia na hora em que a maré estiver alta. Peça licença às águas e ofereça à Iemanjá.

Obs.: Se você não puder levar à praia, deixe dentro de casa por 3 dias. Após, leve a um rio de água limpa.

Este preceito também é muito bom para acalmar a pessoa amada.

Oxum

Presente para Oxum nas Águas (Mar ou Cachoeira)

1 talha com alça, média (lave antes)
Coloque dentro do porrão:
1 obi aberto

1 omolocum pequeno
2 ovos crus
espelhos
moedas atuais, lavadas
bijuterias
conchas do mar
perfumes
talcos
pentes
sabonetes
1 pedaço de cristal
flores naturais (principalmente amarelas)
(Se quiser conseguir amor, acrescente um par de alianças.)

Modo de fazer:
Antes de colocar dentro da talha, passe tudo simbolicamente pelo corpo. Olhe-se no espelho, penteie seus cabelos e vá fazendo seus pedidos. Se for colocar no mar, verifique a hora em que a maré estiver alta. Boa sorte!

Presente para Oxum Melhorar sua Vida Sentimental ou Mesmo Segurar a Pessoa Amada

1 bacia de ágate
1 omolocum de azeite doce
2 corações de cera (o seu nome em um, o da pessoa no outro)
5 ovos crus de galinha
5 ovos crus de codoma
5 espelhos

Modo de fazer:
Ponha o omolocum dentro da bacia e coloque os dois corações, bem juntinhos, no meio do omolocum, com os ovos ao redor. Por último acrescente os espelhos. Procure uma cachoeira e coloque perto da água. Acenda 5 velas amarelas.

Presente para Oxum
Para acalmar a pessoa amada.

5 batatas inglesas
mel
azeite doce
açúcar mascavo
2 velas

Modo de fazer:
Cozinhe as 5 batatas inglesas sem casca. Deixe esfriarem. Coloque um pouco de mel, azeite doce e açúcar mascavo num prato, e vá amassando as batatas com as mãos e misturando tudo. Faça isso pensando na pessoa amada. Dê um formato de coração à massa. Acenda 2 velas amarelas de 30 cm ao lado. Ofereça a Oxum Opará.

Ibeji

Presente para Ibeji

1 travessa de nagé grande
5 maçãs vermelhas
5 cocadas bem clarinhas
5 acaçás de leite
5 ovos cozidos, sem casca
5 búzios pequenos abertos
5 moedas atuais, lavadas
5 quiabos crus bem retinhos
5 velas de aniversário, brancas

Modo de fazer:
Arrume tudo ao seu gosto, dentro da travessa de nagé. Deixe amado dentro de sua casa, por 5 dias.

Após o quinto dia retire somente os búzios e 1 moeda. Faça um breve e coloque atrás de sua porta ou dentro da sua carteira. A sobra do presente despache em uma árvore bem frondosa ou num jardim que tenha muitas árvores. Boa sorte!

Caboclo

Um Presente para Caboclo

3 abóboras morangas
mel
milho vermelho cozido
amendoim
fatias de coco
moedas atuais, lavadas
azeite doce
velas (verdes ou brancas, a seu gosto)
1 garrafa de vinho moscatel
1 charuto

Modo de fazer:
Faça uma tampa nas abóboras e não tire as pevídias. Coloque dentro o milho vermelho cozido o o amendoim, enfeite com as fatias de coco, acrescente as moedas lavadas e o azeite doce. Coloque um pouco do vinho e acenda o charuto e as velas.
Arrie num mato, aos pés de uma árvore bem frondosa. Se quiser, leve umas fitas brancas e verdes e faça um laço bem bonito na árvore.
Quem puder, leve também umas frutas e coloque perto das abóboras. Chame pelo seu Caboclo e faça todos os pedidos. Boa sorte!

Oxalá, Orixalá, Orunmilá

Mesa para Orixalá
Para ser feita na Sexta-feira Santa, para obtenção de paz, saúde, força e prosperidade.

Arrumar, na parte da manhã, em cima de uma toalha branca:
1 tigela branca com canjica cozida
4 acaçás brancos, sem casca, por cima
4 bolas de algodão ao lado dos acaçás
4 quiabos crus em volta
1 pão cortado ao meio
1 copo com água
1 copo com vinho branco
1 vela de 7 dias, branca
   Faça todos os seus pedidos à Orixalá.
   Obs.: Retire esta mesa somente no sábado, após às 18:00 horas e coloque num mato bem limpinho.

Presente para Orunmilá
Para trazer paz, saúde, sorte e prosperidade.

1 bacia de ágate média
1/2 kg de canjica cozida e lavada (sem os olhinhos amarelos e pretos)
16 maçãs verdes
16 acaçás brancos desembrulhados
16 ramos de trigo
1 coco verde
16 velas brancas

> *Modo de fazer:*
> Coloque a canjica dentro da bacia com o coco verde no meio e as maçãs e os acaçás ao redor. Arrume os ramos de trigo a seu gosto. Ofereça nos pés de Oxalá ou do seu orixá. Rodeie com as velas e faça seus pedidos. Se você não tiver quarto-de-Santo, ofereça num lugar bem alto, dentro de sua casa.

Babá Okê

Presente para Orixalá
Para acalmar pessoas que estejam muito agitadas e nervosas.

1 tigela branca média
1 folha de saião, grande
250 gramas de canjica cozida
1 copo de açúcar cristal
2 claras de ovos batidas em neve
10 quiabos crus, bem retinhos
1 cacho de uvas moscatel
1 vela de cera de 30 cm

Modo de fazer:
Escreva o nome da pessoa na folha de saião. Coloque-a dentro da tijela. Ponha por cima a canjica, misturada com o açúcar cristal. Cubra com as claras. Enfeite com os quiabos, de forma que eles fiquem com a parte mais fina para fora. Coloque o cacho de uvas no meio e acenda a vela num pires, ao lado. Ofereça a Yiá Ori e Babá Ori.
(Obs.: este preceito também é muito bom para acalmar a pessoa amada.)

Babá Okê (Orixá dos Montes)

Presente para Babá Okê
Para prosperar, abrir caminhos

1 cesto de vime, enfeitado com laços e fitas brancas
16 tipos de frutas, sendo 1 de cada
16 acaçás brancos
16 bolas de inhame-cará
16 moedas atuais, lavadas
16 espigas de milho verde
16 folhas de louro, verdes
16 folhas de fortuna
1 obi aberto em Aláfia

Modo de fazer:
Arrume tudo bem bonito dentro do cesto. Procure um lugar que tenha um morro bem verdinho. Coloque o cesto em sua cabeça. Suba o máximo que puder. Vá chamando por Babá Okê e pedindo somente coisas boas.

Obs.: Este presente só pode ser feito entre 6 e 9 horas da manhã, em lua boa.

Preceitos para Odus

Todos os preceitos para Odus devem ser feitos entre 6:00 h e 11:00 h da manhã.

Presente para Ejiokô
Para sorte, dinheiro, prosperidade
1 alguidar n° 3
1 inhame do norte assado na brasa
1 moeda branca e 1 moeda dourada
1 acaçá branco
1 acaçá vermelho
2 pedaços de ímãs
2 búzios abertos
2 conchas do mar

Modo de fazer:
Após o inhame assado, descasque-o e coloque-o dentro do alguidar. Arrume os outros ingredientes de modo bem bonito em volta do inhame. Chame por Ejiokô e peça tudo de bom.
Este presente só pode ser feito em Lua Crescente e na parte da manhã. Ofereça em uma praça bem movimentada. Não é preciso acender vela.

Presente para Yorossun
1 tigela branca
4 peras d'água
4 acaçás brancos desembrulhados
4 moedas atuais, lavadas
4 búzios abertos
4 cavalos-marinhos
4 velas de cera

Modo de fazer.
Coloque dentro da tigela as peras, com os cavalos-marinhos fincados nelas. Ao lado, coloque os acaçás com as moedas e os búzios. Leve a uma praça com árvores frondosas, passe pelo seu corpo e faça seus pedidos a Yorossun. Acenda as 4 velas ao redor.

Um Agrado a Oxê
Para amor, sorte, prosperidade

1 bacia de ágata
5 bolas de farinha com mel
5 acaçás brancos desembrulhados
5 moedas correntes lavadas, enterradas nos acaçás
5 espelhos
5 ramos de trigo
5 quiabos crus
5 ovos crus
5 laranjas lima, lavadas
1 peça de ouro
1 peça de prata
5 quindins

Modo de fazer.
Arrume tudo dentro da bacia ao seu gosto. Cubra com fios de ovos. Coloque num lugar alto dentro de sua casa. Acenda 5 velas amarelas. Deixe dentro de casa 5 dias, após isto, enrole num morim amarelo e leve a uma cachoeira. Coloque perto da água.

Outro Agrado para Oxê

1 tigela branca grande, lavada
1 farofa de mel bem molhadinha
5 peras d'agua
5 acaçás brancos desembrulhados
5 pedaços de cristal de rocha
5 moedas atuais, lavadas
5 quiabos crus, bem retinhos
5 velas de cera

Modo de fazer:
Coloque a farofa de mel dentro da tigela; em seguida, ponha as peras. Coloque os cristais no acaçá de forma que eles apareçam. Enterre as moedas nas peras. Coloque os quiabos ao redor com a pontinha fina para cima. Leve a uma cachoeira e coloque em cima de uma pedra. Quem quiser, pode arriar nos pés de Oxum, dentro do quarto de santo. Acenda as velas e faça seus pedidos.

Presente para Oxê

(Oferecer este presente antes do meio-dia. Mostre antes o presente 5 vezes ao sol, levantando-o acima da cabeça.)
1 alguidar número 3, forrado com folhas de mamona, lavadas
5 velas amarelas
5 moedas atuais, lavadas
5 maracujás lisos
5 quiabos inteiros
5 espelhos
5 acaçás de leite.

Modo de fazer:
Arrumar o presente dentro do alguidar e oferecer pela manhã em uma cachoeira.

Obs.: Os maracujás não podem estar enrugados.

Presente para Odi

(Presente para este Odu deverá ser sempre entregue pela manhã, até meio-dia.)

1 alguidar n° 3, forrado com 6 folhas de mamona
6 punhados de pipoca
1 farofa de mel
6 acarajés
6 acaçás vermelhos
6 acaçás brancos
6 doces finos
6 qualidades de frutas (pode ser 1 fruta de cada)
6 velas
6 moedas
6 laços de fita colorida
ovos crus

Modo de fazer:
Arrume tudo a seu gosto no alguidar e ofereça no mato ou numa praça, pedindo tudo de bom.

Farofa para Chamar Obará

Farinha
mel
azeite doce
1 pitada de sal
punhados de milho vermelho cru
1 noz-moscada ralada
7 punhados de arroz com casca

Modo de fazer:
Misture os ingredientes acima. Vá ao portão e jogue um pouco na rua, um punhado do lado esquerdo e do lado direito, vá jogando para dentro de sua casa, até os fundos, chamando por Obará.

Este preceito só pode ser feito em Lua Crescente ou Cheia. Se você tiver Exu assentado, jogue um pouco em seus pés. Faça seus pedidos.

Defumador de Obará
Para prosperidade e trazer dinheiro.

7 quiabos secos
7 folhas de louro secas
7 folhas de dólar secas
7 folhas de dinheiro-em-penca secas
7 folhas de jamelão secas
7 folhas de fortuna secas
7 cravos-da-índia
1 noz moscada ralada
7 colheres de açúcar mascavo ou cristal

Modo de fazer:
Misture tudo e defume de fora para dentro. Deixar queimando nos fundos da casa.

Presente para Obará
Para ser feito no dia 6 de janeiro, dia de Reis.

1 gamela ou um alguidar pequeno
7 acaçás brancos desembrulhados
7 moedas atuais, lavadas
7 marias-mole
7 folhas de louro verdes
7 quiabos bem retinhos, crus
7 cravos-da-índia

Modo de fazer:
Arrume tudo na ordem acima dentro da gamela ou alguidar. Vá chamando por Obará, e rodeie a casa toda com o presente em suas mãos. Coloque num lugar alto dentro de sua casa. Se possível, faça este presente às 18:00 horas. Peça tudo de bom.

Outro Presente para Obará
(Este presente só deve ser feito em Lua Crescente ou Cheia)
Para paz, dinheiro, fartura e prosperidade.

1 gamela redonda
7 maçãs verdes

Presente para Obará

7 suspiros
7 acaçás brancos sem casca
7 pedaços de ímã
7 moedas atuais, lavadas
7 búzios abertos
7 orobôs
7 quiabos crus bem retinhos
7 ramos de trigo
7 velas

Modo de fazer:
Arrume tudo ao seu gosto dentro da gamela, colocando por último os quiabos e os ramos de trigo. Coloque num lugar alto dentro de sua casa, ou procure uma árvore bem frondosa e arrie. Acenda as velas e chame por Obará. Peça tudo de bom.

Presente para Obará
(Fazer em Lua Nova ou Cheia.)

1 alguidar número 6
7 maçãs verdes
7 moedas atuais
7 suspiros
7 acaçás brancos
7 quiabos inteiros
7 favas de jucá
1 kg de açúcar cristal

Modo de fazer:
Arrume tudo ao seu gosto dentro do alguidar e coloque o açúcar por cima. Vá chamando por Obará. Coloque num lugar alto dentro de sua casa ou em cima do telhado. Se quiser, pode colocar num pé de árvore bem frondosa.

Presente para Obará

(Deverá ser amado em cima de sua casa, no dia de Reis - 06 de janeiro. Entregue este presente assim que o sol nascer.)

1 alguidar médio
7 romãs maduras
7 moedas atuais lavadas
7 quiabos crus, bem retinhos

Modo de fazer:
Arrume tudo ao seu gosto dentro do alguidar. Passeie com este presente dentro e fora de sua casa. Vá chamando por Obará nos caminhos de Xangô e fazendo seus pedidos. Coloque no local indicado. Deixar por tempo indeterminado.

Outro Presente para Obará

(Para ser colocado no centro da mesa da Ceia de Natal.)

1 travessa branca
7 qualidades de frutas
1 copo d'água
1 copo de vinho branco

Modo de fazer:
Numa travessa, coloque as 7 qualidades de frutas; ao lado ponha os copo de vinho e de água.
Deixe este presente até o dia 26. Após às 18:00 horas coloque em cima de sua casa (no telhado).

Presente para Exu nos Caminhos de Obará

1 alguidar número 4
1 farofa de mel, dendê, azeite doce com uma pitada de sal
1 bife de boi
1 pedra de carvão vegetal
7 acaçás brancos
7 moedas atuais, lavadas
7 figos maduros
1 cacho de uvas

7 velas brancas
1 obi
rodelas de cebola, grossas

Modo de fazer:
Coloque a farofa dentro do alguidar e ponha no centro a pedra de carvão, ao lado o bife, depois os acaçás com as moedas fincadas, a seguir as rodelas de cebola, os 7 figos e a uva. Acenda as velas em volta do alguidar e por último o obi (abra-o e converse com ele, fazendo seus pedidos).

Obs.: Quem tiver seu Exu assentado, coloque este presente nos pés dele. Quem não tiver, dê este presente num mato ou numa praça pública bem movimentada.

Um Agrado para Obará
1 gamela oval, lavada
7 qualidades de frutas (1 de cada, lavadas)
7 cocadas brancas
7 orobôs
7 moedas atuais, lavadas
7 figos cristalizados
7 acaçás brancos desembrulhados
7 velas brancas grossas
quiabos grandes, crus

Modo de fazer:
Arrume tudo dentro da gamela e ponha em um lugar alto dentro de casa ou em uma mata, num pé de árvore. Peça tudo de bom que, com certeza, vai dar certo!

Presente para Ejionile
8 folhas de mamona branca, sem os talos
8 punhados de pipoca
8 punhados de canjica
8 acaçás de leite c/açúcar desembrulhados
8 balas de leite
8 figos

8 moedas atuais, lavadas (enterradas no acaçá)
8 quiabos crus bem retinhos
8 velas de cera
mel

Modo de fazer:
Arrume as folhas de mamona em volta do pé de eucalipto. Passe em você, simbolicamente, as pipocas, a canjica, os acaçás, as balas de leite, os figos, os quiabos, e vá colocando em cima das folhas. Acenda as velas em frente a cada folha. Por último, regue tudo com mel e vá fazendo seus pedidos a Ejionile, em nome de Orunmilá.

Após este presente, quem quiser, passe um pombo branco pelo corpo e solte-o.

Procure andar, pelo menos, 3 dias de roupa clara, se possível, branca.

Obs.: Este presente só pode ser entregue em volta de um pé de eucalipto.

Um Presente para Ejionile
Para agradar lado positivo, trazendo saúde, paz, prosperidade.

1 panela de barro, pintada de branco
1 farofa de mel e azeite doce
8 acaçás brancos desembrulhados
8 moedas atuais, lavadas
8 figos cristalizados
8 búzios
8 cravos da índia
8 velas brancas (acesas juntas)

Modo de fazer:
Coloque a farofa dentro da panela e enfeite a seu gosto. Procure um local que tenha bastante pés de eucalipto; escolha o mais alto e coloque

o presente. Acenda as velas, todas juntas (se puder, só saia do local quando as velas se apagarem).
Obs.: Este presente só pode ser feito em Lua Cheia ou Nova, e somente na parte da manhã.

Presente para Ossá
Para tirar a negatividade

1 panela de barro, pintada de branco com pemba
9 peras dágua
9 acaçás brancos
9 ovos crus (brancos)
9 moedas correntes, lavadas
9 quiabos crus
9 conchas do mar
9 búzios
9 bolas de arroz cozido
açúcar cristal
9 velas

Modo de fazer:
Arrume tudo dentro da panela a gosto. Cubra com açúcar cristal. Coloque em cima de uma árvore e rodeie-a com as velas acesas. Boa sorte!

Presente para Ofum
Este presente é para Ofum trazer prosperidade.
Só deve ser feito em Lua Crescente ou Cheia.

1 saco de farinha de trigo, branco
10 maçãs verdes, lavadas
10 cocadas brancas
10 acaçás desembrulhados
10 moedas atuais, lavadas
10 bolas de inhame-cará
10 bolas de arroz branco
10 quiabos crus, bem retinhos
10 cebolinhas brancas
10 folhas de fortuna.
1 obi branco

Modo de fazer:
Passe o saco simbolicamente pelo seu corpo e abra-o em sua frente. Vá passando tudo simbolicamente na ordem acima pelo seu corpo e colocando dentro do saco. Abra o obi com as mãos, leve até a boca e faça todos os seus pedidos. Coloque-o por cima de tudo, em posição de Aláfia. Amarre a boca do saco.

Procure uma árvore bem frondosa, que não tenha espinhos, e suba, ou peça a uma pessoa, para subir na árvore e amarrar num galho bem alto. Acender as 10 velas ao pé da árvore.

Ao chegar em casa, tome um banho com macaçá, fortuna e alfavaquinha.

Um Agrado para Ofum
1 bacia de louça branca
1 kg de canjica cozida, lavada
10 maçãs verdes lavadas
10 cocadas brancas bem clarinhas
10 acaçás brancos desembrulhados
10 folhas de saião, lavadas
10 moedas atuais, lavadas
10 bolas de inhame
10 quiabos crus, bem retinhos
10 bolas de algodão
10 velas brancas

Modo de fazer:
Lave a bacia e coloque a canjica dentr o. Arrume tudo ao seu gosto por cima da canjica. As moedas enterre nos acaçás. Os quiabos coloque com a parte fininha para cima. Ponha num lugar alto ou em uma cachoeira, mas perto da água. Acenda as 10 velas ao redor. Se quiser, passe um pombo branco no corpo e faça seus pedidos. Em seguida, solte-o.

Presente para Orunmilá nos Caminhos de Ofum
Para trazer paz, tranqüilidade, sorte e, principalmente, saúde.

1 bacia toda branca
1 kg de canjica cozida, lavada
10 acaçás brancos, desembrulhados
10 ovos crus com o bico para cima
10 maçãs verdes
10 moedas atuais, lavadas, fincadas nos acaçás
10 bolas de algodão
10 ramos de trigo
10 velas brancas acesas ao redor
1 efum ralado

Modo de fazer:
Coloque a canjica cozida dentro da bacia e arrume os outros ingredientes ao seu gosto por cima. Acendas as velas ao redor. Por último, polvilhe tudo com o efum e vá chamando por Orunmilá.
Ofereça nos pés de Oxalá, no chão de sua casa, ou no quarto-de- Santo (Oxalá). Deixe por 10 dias.
Obs.: Se você não tiver quarto-de-santo, leve a cachoeira e entregue perto da água.

Outro Presente para Orunmilá, nos Caminhos de Ofum
Para paz, saúde, prosperidade.

1 tigela branca média
250 g de canjica cozida
1 cacho de uvas brancas
4 claras de ovos batidas em neve
1 vela de cera de 30 cm

Modo de fazer:
Coloque a canjica cozida dentro da tigela, com o cacho de uvas por cima. Cubra tudo com as claras em neve. Acenda a vela em frente e faça seus pedidos.

Presente para Owarin
1 panela de barro, média
11 acarajés, fritos no dendê
11 acaçás brancos desembrulhados
11 moedas atuais, lavadas
11 bolas de farinha com mel
11 búzios abertos
1 kg de açúcar cristal
11 velas

Modo de fazer:
Coloque dentro da panela os acarajés; enterre os búzios e as moedas nos acaçás. Ponha os acaçás, as bolas de farinha com mel, cubra tudo com o açúcar cristal. Ofereça num bambuzal, com as velas acesas ao redor do presente. Chame por Owarin, nos caminhos de Oyá, e peça tudo de bom.

Presente para Iká
Presente para amor e prosperidade.
(Para se fazer este presente é necessário guardar resguardo um dia antes. Ele deve ser entregue até o meio-dia, se possível pela manhã em jejum. Lua Nova, Crescente ou Cheia.)

1 alguidar número 4
14 velas amarelas
14 moedas lavadas
14 bolas de batata doce, passadas no mel
14 ovos inteiros crus
14 acaçás desembrulhados

Modo de fazer:
Lave o alguidar e forre com folhas de mamona, lavadas. Arrume o presente a seu gosto. Ofereça em uma cachoeira pela manhã, de frente para o sol. Coloque roupa clara. Ao chegar em casa, se quiser, tome um banho de água de flor-de-laranjeira.

Presente para Obeogundá
Para ajudar nas transformações da vida
1 prato nagé, forrado com folhas de mamona
1 inhame do norte assado em braseiro
15 taliscas de mariô (dendezeiro)
15 acaçás brancos, desembrulhados
15 moedas atuais, lavadas
farofa de dendê e mel
1 vela de cera (30 cm)

Modo de fazer:
Coloque o inhame no prato nagé. Vá enterrando as taliscas de mariô e as moedas no inhame. Ponha os acaçás ao redor e a farofa por cima de tudo. Leve a tuna estrada, no sentido da subida. Ponha no seu pescoço, por trás, segure firme com as duas mãos, vá subindo e entregue nos pés de uma árvore frondosa, bem alta, fazendo seus pedidos ao Odu. Boa sorte!

Presente para Alafioman
(Este presente só deve ser entregue numa cachoeira, próximo à água)
1 bacia de ágate ou de louça, branca
1 kg de canjica cozida
1 pouco de cera de ori
acaçás brancos, desembrulhados
16 moedas atuais, lavadas, enterradas nos acaçás
16 ovos crus
16 quiabos crus, bem retinhos
1 obi branco
16 velas

Modo de fazer:
Misture a canjica cozida com a cera de ori e coloque dentro da bacia ou tigela. Arrume os outros ingredientes por cima da canjica, na ordem em que eles estão. Por último, abra o obi e converse com ele, próximo a sua boca, fazendo os seus pedidos à Alafioman. Ponha o obi em forma de Aláfia no meio do presente. Acenda as velas ao redor e... boa sorte!

Presente para Obeogundá

Defumadores

Defumador para Espantar Egum
Assafete com dendê e palha de cana seca. Dê o defumador de dentro para fora. No dia seguinte dê um outro defumador:
Mirra
Noz moscada ralada
Açúcar
Benjoim
Dandá-da-costa ralado
Misture tudo e dê o defumador de fora para dentro.

Defumador para ser Feito no Dia de Reis (06 de janeiro)
Incenso
Mirra
Benjoim
1 noz-moscada ralada
Misture tudo e faça este defumador de fora para dentro.

Defumador para ser Feito na Sexta-feira
Incenso
Benjoim
Gergelim
1 noz-moscada ralada
Açúcar cristal
Misture tudo e dê o defumador de fora para dentro.

Defumador para Oxê
Para trazer sorte e dinheiro

Girassol
Erva-doce
Mate
Noz-moscada ralada
Raiz de sândalo
Açúcar mascavo

Misture tudo e dê o defumador de fora para dentro, de preferência no sábado, em lua boa (Crescente, Cheia ou Nova).

Defumador para Espantar Olho-Grande

1 galho de arruda macho
1 galho de arruda fêmea
2 copos de açúcar

Ponha os galhos de arruda numa vasilha com água, e deixe num lugar onde as pessoas possam vê-los. Quando os galhos amarelarem, quebre-os todinhos. Misture com o açúcar e dê um defumador de dentro para fora. É muito bom para casa e comércio.

Banhos

Banho para Atrair Amor, Simpatia e Fazer Sucesso
1 flor de girassol
7 cravos-da-índia
1 pouco de erva doce
1 colher de açúcar mascavo
1 noz moscada ralada
1 pouco de pó de sândalo
Coloque tudo numa panela com água. Deixe ferver por 30 minutos. Misture num balde com água fria. Tome seu banho, desde a cabeça. Leve as sobras para uma praça que tenha um jardim bem bonito e que seja bem movimentada. Deixe tudo no jardim e regue com um pouquinho de azeite doce, fazendo seus pedidos. Com certeza, vai dar certo!

Banho de Atração
1 flor de girassol
7 cravos-da-índia
7 pedaços de canela em pau
1 noz-moscada ralada
Coloque os ingredientes numa panela com água e deixe cozinhar por 15 minutos. Logo após, misture num balde com água fria. Tome seu banho primeiro e depois jogue este banho da cabeças aos pés. No dia seguinte ponha a flor numa praça bem movimentada; passe 5 moedas pelo corpo e jogue em cima da flor. Peça tudo de bom e muita atração.

Banho para Paz, Tranqüilidade e Progresso
água de canjica
água de flor-de-laranjeira
água de rosas
7 gotas de baunilha
macaçá macerado

Misture num balde com água todos os ingredientes acima. Tome o banho da cabeça aos pés. Acenda uma vela para o anjo-de-guarda. Após, coloque roupa clara.

Banho para Paz e Tranqüilidade
macaçá
poejo
saião
salva
colônia
rosas brancas de jardim
oriri

Lave todas as ervas. Quine num balde com água. Tome um banho 3 dias seguidos e acenda uma vela para o anjo-de-guarda cada dia.

Após o terceiro dia, despache o bagaço num mato limpo. Boa sorte e, com certeza, vai dar certo!

Banho para Sorte, Prosperidade e Dinheiro
Este banho é muito bom para quem trabalha em comércio ou lida com vendas.

folhas de louro
7 cravos-da-índia
1 noz moscada ralada
erva doce
casca de maçã seca

Coloque tudo dentro de uma panela com água e deixe ferver por 15 minutos. Após, misture em um balde com água fria e tome o banho da cabeça para os pés. Despache os ingredientes numa praça pública de muito movimento.

Banho para Atração
1 molho de funcho
5 cravos-da-índia
5 caroços de milho vermelho
1 noz-moscada ralada
1 fava de pichurim, ralada
1 pouco de pó de sândalo
1 colher de açúcar mascavo

Cozinhe tudo por 15 minutos. Tome um banho antes, logo em seguida jogue esse banho, da cabeça aos pés. Procure se vestir de branco com amarelo, de azul com branco, de rosa com branco e, se gostar, todo de amarelo ou de rosa, ou todo de branco.

Banho para Trazer Sorte e Dinheiro
folhas de louro
cravo-da-índia
1 noz-moscada, ralada

Coloque tudo numa panela com água. Deixe cozinhar por 15 minutos. Misture num balde com água fria e tome um banho.

Faça este banho numa quarta-feira, ou quinta-feira, de Lua Nova, Crescente ou Cheia.

Após o banho, jogue as folhas numa praça de muito movimento.

Banho de Descarrego
1 espada de São Jorge partida em 7 pedaços
7 caroços de milho vermelho
aroeira
vence-tudo
saco-saco
abre-caminho
manjericão

Coloque tudo dentro de uma panela com água e deixe cozinhar por 30 minutos. Misture com água fria e tome um banho da cabeça aos pés. Após o banho, acenda uma vela para o seu anjo-de-guarda.

Banho para amor

As folhas, depois do banho, coloque numa bacia, jogue um pouco de farinha de mesa por cima, mel, azeite doce, 7 moedas atuais. Faça uma farofa com tudo. Ponha num morim branco e amarre ou coloque em cima de uma árvore, num matinho. Acenda uma vela no pés da árvore.

Banho de Descarrego para Cortar Olho-Grande, Inveja e Demandas

vence-tudo
vence-demanda
guiné
desata nó
saco-saco
aroeira
brandafogo
7 caroços de milho vermelho.

Obs.: Este banho é aconselhável tomar somente em Lua Minguante.

Lave as folhas. Coloque-as em uma panela com água e deixe cozinhar por 30 minutos. Após, misture num balde com água fria e tome o banho do pescoço para baixo. Depois do banho, coloque roupa clara e acenda uma vela para seu anjo-de-guarda. Despache as folhas num rio limpo ou num matinho.

Banho Atrativo para Amor

Girassol
arroz com casca
milho vermelho.

Deixar de molho de um dia para o outro em água de cachoeira. No dia seguinte quine nesta água oripepê, oriri e patchuli, e uma noz-moscada ralada (se quiser, acrescente água de flor de laranja). Tome o banho do pescoço para baixo.

Note bem: este banho só pode ser feito em Lua Nova, Crescente ou Cheia, de preferência no sábado, antes do meio-dia.

Obs.: Os cereais são crus.

Rezas Fortes

Oração para Livrar-se de Arma de Fogo

Ao sair de casa, reze-a, para livrar-se de assaltos, inimigos, etc.

Jesus é nato
Jesus nato é
Jesus venceu o fogo
Jesus de Nazaré.
Rezai" 3 vezes, fazendo o sinal da cruz.

Oração para Quebrar a Força do Inimigo ou de Pessoa Revoltada

Credo em cruz
Inimigo sem luz
Antes de você me olhar
Quem me olhou foi Jesus.
Rezar 3 vezes, olhando bem dentro dos olhos do fulano.

Oriki para Acordar Exu

(Rezar antes de entrar na casa de Exu, ou cortar para ele. Este oriki deve ser rezado pela manhã, de preferência em jejum.)

Agibalá, agibalá, agibalá.
Adacôro, alacôro
Adacôro, alacôro
Adacôro, alacôro
Agifalaró (nome do Exu) tempé inlá
Agifalaró (nome do Exu) tempé inlá

Agifalaró (nome do Exu) tempé inlá
Exu mopé
Exu mopé
Exu mopé
Mojubá, axé
Todas as vezes que rezar este oriki, bater paó.

Reza para Suspender Qualquer Tipo de Ebó

Pegue uma quartinha, vá jogando a água e rezando, durante 3 vezes:
Iká nibó
Itan iká
Iká nibó
Itan iká
Iká nibó
Itan iká
Agô mojubá.

Pós para Todos os Usos

Pó para Afastar Inimigos
corredeira
cansação
urtiga
arrebenta-cavalo
7 qualidades de pimenta
raspa de veado
terra de 7 encruzilhadas (é necessário terra, não barro)
Coloque tudo dentro de uma panela de ferro. Faça um fogo de lenha e deixe torrar. Quando estiver torradi- nho, soque bem. Coloque num vidro e sopre atrás da pessoa ou jogue dentro da casa do inimigo.
Obs.: Não entre com o pó na sua casa.

Pó da Sorte
1 pouco de dandá, ralado
2 favas de pichurim, raladas
2 noz-moscada, raladas
1 pouco de canela em pó
2 efuns, ralados
Misture tudo e coloque em um vidro com tampa. Uma vez por semana sopre nos cantos de sua casa e passe também no seu corpo. Boa sorte, vai dar certo!
Obs.: Este pó só pode ser feito no primeiro dia de Lua Crescente.

Pó para Atração
   1 vidro de perfume de sua preferência (menos alfazema)
   1 cravo-da-índia em pedaços
   1 pouco de noz-moscada ralada
   1 pouco de fava de pichurim ralada
   1 pouco de pó de sândalo
   1 pouco de erva-doce
   Coloque todos esses ingredientes dentro do perfume. Deixe em infusão por 7 dias. Após, passe a usá-lo. Somente uma pessoa poderá usá-lo.

Simpatias para Todas as Necessidades

Simpatia para Trazer uma Pessoa que Esteja Afastada
1 quartinha de louça branca (se for homem, quartinha sem alça; se for mulher, quartinha com alça)
21 vezes o nome da pessoa, escrito a lápis
Coloque dentro da quartinha o papel com o nome, mel, azeite doce, um pouco de azougue, um ímã, um pouco de sândalo e um obi ralado. Tampe a quartinha. Enrole-a toda com palha-da-costa. Conforme for enrolando vá dando nó. Enterre no quintal e plante em cima uma planta que não tenha espinhos, se possível uma que dê flor. Quem morar em apartamento, enterre num vaso de planta e faça do mesmo jeito. Acenda uma vela de 7 dias ao lado.

Simpatia para Ogum, no Dia 13 de Junho
Para você conseguir tudo de bom e abrir os seus caminhos.

1 pão doce bem grande e bem bonito
1 prato laminado grande
7 velas acesas ao redor
1 pouco de mel
Passe este pão doce pelo seu corpo, simbolicamente. Coloque-o dentro do prato laminado. Acenda as velas e passe-as pelo corpo. Rodeie o prato com as velas. Jogue o mel por cima do pão e vá fazendo os seus pedidos. Após as velas acabarem, leve este presente para uma estrada, no mesmo dia. Quem tiver Ogum assentado, coloque o pão em cima de Ogum. Boa sorte!

Simpatia para Ogum Abrir seus Caminhos e lhe dar um Emprego

Procure um pé de palmeira ou um coqueiro bem alto. Em volta do mesmo vá colocando o seguinte:
7 maçãs vermelhas
7 moedas atuais, enterradas nas maçãs
7 acaçás vermelhos (fubá), abertos
7 mariolas
7 velas azuis acesas
1 cerveja branca
Arrume tudo ao sen gosto e vá chamando por Ogum Megê. Por último, abra a cerveja e jogue um pouco em volta da árvore. Deixe a cerveja ao lado e bata sua cabeça no chão, fazendo seus pedidos. Ao chegar em casa tome um banho com abre-caminho cozido.

Simpatia para Baixar o Colesterol

Coloque em uma panela 4 litros de água e deixe ferver. Após ferver, apague o fogo e coloque uma beringela cortada em 4, no sentido vertical. Deixe esfriar e vá tomando o chá durante um mês. Depois procure verificar como está o seu colesterol.

Simpatia para quem tem Cravo no Pé

Passe 7 pedaços de toucinho de porco fresco no local, um a um e, depois, frite-os no azeite doce. Saia de casa com os pedaços e dê para 7 cachorros na rua. (Esta simpatia só pode ser feita no primeiro dia da Lua minguante.) Após feita a simpatia, passe óleo de amêndoa no local.

Simpatia para Tirar uma Pessoa Inconveniente do seu Caminho

7 sardinhas
7 giletes
7 alfinetes
uma farofa de dendê
1 caixa de sapatos, vazia
1 papel de presente
7 palmos de barbante

Coloque o nome da pessoa dentro da boca de cada sardinha (escreva a lápis). Espete o alfinete na cauda e ponha a gilete atravessada na boca das sardinhas. Coloque as sardinhas dentro da caixa de sapatos e cubra com a farofa de dendê. Faça um embrulho de presente bem bonito. Pegue um trem no sentido de descida e deixe o presente dentro do trem, entregando-o a Okaran.

Outra Simpatia para Afastar uma Pessoa Inconveniente do seu Caminho

    1 garrafa escura
    1 rolha de cortiça
    1 pouco de cachaça
    1 vidro de óleo de rícino
    1 vidro de óleo de mamona
    7 punhados de terra de encruzilhada
    7 dentes de alho roxo
    7 pimentas-da-costa inteiras
    7 pedrinhas de carvão vegetal

Coloque todos os ingredientes dentro da garrafa. Arrolhe-a bem. Despache no mar, na hora em que a maré estiver vazente. Faça seus pedidos.

Simpatia para Tirar a Amante do seu Marido

    1 panela de barro
    os dois nomes, de costas um para o outro
    7 ovos de pata (escreva os nomes nos ovos, também)
    7 qualidades de pimenta
    7 pimentas-da-costa inteiras
    7 agulhas grossas
    1 vidro de óleo de rícino
    1 vidro de óleo de mamona
    1 pouco de dendê
    1 pouco de cachaça

Coloque primeiro os nomes dentro da panela. Depois, quebra os ovos por cima. Ponha os outros ingredientes. Cubra tudo com álcool. Ateie fogo e vá fazendo os seus pedidos. Quando o fogo apagar, cubra tudo com pó de carvão e enterre num formigueiro.

Simpatia para Artrose e Inchação

Procure um lugar onde tenha a erva Melão de São Caetano. No momento em que for apanhar a erva, marque a hora exata. Retire a erva dizendo:

São Caetano, me empreste seu melão.

Ao chegar em casa enrole na parte afetada. Deixe ali por algumas horas, o máximo que você puder. Quando retirar, guarde a erva. No dia seguinte, leve as ervas no mesmo local e na mesma hora que você apanhou no dia anterior, dizendo:

São Caetano, estou devolvendo seu melão e também as minhas dores.

E jogue ali as ervas, no mesmo local.
Obs.: Esta folha não é aconselhável usar na cabeça.

Simpatia para Bronquite

7 genipapos, sem caroço
1 kg de açúcar
1 panela de barro, com tampa
1 metro de morim branco

Abra os genipapos ao meio e coloque dentro da panela, cobrindo com o açúcar. Tampe a panela. Enterre-a durante 21 dias. Ao término deste tempo, coe no morim. Conforme for espremendo, vai ficar tipo uma trouxa; amarre, jogue num rio limpo e vá dando o líquido 3 vezes por dia ao doente.

Simpatia para Conseguir a Pessoa Amada e ela Ficar Amarrada a Você

(Esta simpatia só pode ser feita no dia 13 de junho, dia de Santo Antônio.)

1 Santo Antônio de madeira, de 30 cm, que tenha o menino
1 retrós de linha branca

Escreva o nome do(a) fulano(a) 7 vezes, a lápis. Enrole em volta dos pés do santo e vá prendendo com a linha, até acabar o retrós, fazendo os seus pedidos. Tire o menino dos braços do santo e diga estas palavras:

"Santo Antônio, só devolverei seu filho quando o senhor atender os meus pedidos."

Esconda a criança e não pode esquecer onde colocou. Após os seus pedidos serem alcançados devolva o filho do santo.

Simpatia para Cortar Feitiço e Olho-Grande e Segurar sua Casa

1 panela de barro, com tampa
1 par de olho de boi, fresco
9 agulhas grossas
9 ovos de pata
9 ovos de codorna
9 acaçás brancos
1 pouco de waji (azul)
1 pouco de ossum (vermelho)
1 pouco de efum (branco) ralado
1/2 litro de dendê

Coloque tudo dentro da panela e cubra com dendê. Tampe a panela e ponha na entrada do seu portão, do lado esquerdo de quem entra. Acenda uma vela e ofereça à Yámi Oxorongá.

Simpatia para Baixar Glicose

Coloque raiz de sapé em uma panela com água e deixe ferver por 30 minutos. Ao esfriar, tome o chá como se fosse água. Use durante 30 dias e verifique o seu teor de glicose.

Simpatia para Vizinhos e Inquilinos Indesejáveis se Mudarem

1 moela de galinha preta aberta
1 vez o nome da pessoa
7 pimentas malaguetas
7 pimentas-da-costa
1 vidro de azougue
1 pouco de pólvora
7 folhas de corredeira
1 agulha com linha preta

Abrir a moela e tirar a sujeira. Não precisa tirar a pele. Coloque o nome da pessoa dentro. Em seguida, coloque as pimentas, o azougue, a pólvora e a corredeira. Feche a moela e

Simpatia para vender imóveis

costure com a linha preta. Quando terminar de costurar, enfie a agulha no meio da moela. Procure uma estrada longa, jogue ali e peça a Exu Tranca-Rua para afastar a pessoa.

Simpatia para Vender Imóveis

    1 alguidar número 4
    1 casinha de cera
    21 quiabos crus
    21 moedas atuais
    7 chaves de cera

    Coloque a casinha dentro do alguidar com os 21 quiabos em volta; ponha as moedas e também as sete chaves de cera. Procure um bambuzal e ofereça a Iansan. Acenda uma vela de cera ao lado e faça os seus pedidos.

    Obs.: se você não achar um bambuzal, coloque no pé de uma árvore bem frondosa.

Simpatia para Chamar Dinheiro e Prosperidade para sua Casa

    1 chifre de boi, grande
    7 pimentas-da-costa inteiras
    7 moedas atuais
    7 pregos virgens
    1 peça de ouro
    1 peça de prata
    1 orobô inteiro
    1 pedaço de cristal
    7 ímãs pequenos
    1 pé de espada de São Jorge
    1 pé de comigo-ninguém-pode

    Coloque tudo dentro do chifre; por último, as plantas. Complete com um pouco de mel, azeite-doce e a água. Ponha pendurado na frente da casa. Procure não deixar secar.

Simpatia para Segurar sua Porta, na Sexta-Feira Santa

    Coloque, quinta-feira à noite, numa panela de barro nove ovos crus, água, azeite-doce e acenda uma vela (de cera) do lado esquerdo; no lado direito coloque uma tigela branca, com um pouco de água de canica cozida. Se a goma estiver dura, desmanche com água. Defume sua casa com incenso, benjoim, alfazema. Quem quiser, coloque uma canjica para Oxalá, mas cubra com algodão e peça tudo de bom, prosperidade, saúde e força.

Simpatia para Problema de Esporão Calcâneo
Pegue bastante folhas de manga espada e coloque para cozinhar em panela com água por 30 minutos. Ponha num balde com um pouco de água fria e banhe os pés. Repita o mesmo processo durante 7 dias.

Simpatia para a Pessoa Deixar de Beber
Pegue uma galinha preta e retire somente a moela. Torre-a bem e faça um pó. Despache o restante da galinha enrolada num morim preto e amarre com bastante palha-da-costa. Jogue num rio com bastante água e peça que o rio leve os vícios da pessoa. O pó da moela coloque na comida da pessoa, de preferência no feijão.
Obs.: Vá colocando o pó aos poucos.

Simpatia para Bronquite
1 moringa pequena, com tampa
1 pedaço de pano virgem
1 frigideira
Encher a moringa com água na Lua Minguante. Tampe-a com o pano e enterre-a. Faça uma fogueira por cima. No dia seguinte tirar e ir dando a água para a pessoa beber. Não deixar a água da moringa secar. Completar sempre a água. Dar durante 9 luas, em jejum. Após as 9 luas, quebrar a moringa numa água corrente e pedir que a água leve a bronquite.

Simpatia para Acalmar e Prender a Pessoa Amada
1 tigela branca, média
1 prato raso branco
1 miolo de boi
1/2 copo de azeite doce
1 copo de açúcar cristal
7 vezes o nome da pessoa, escrito a lápis
1 obi claro, ralado
2 velas de cera, de 30 cm

Coloque o nome dentro da tigela e os outros ingredientes. Misture tudo com as mãos e vá fazendo seus pedidos. Ao terminar, tampe com o prato e acenda as velas em cima do prato. Após os 7 dias, enterre no quintal e conforme for a necessidade, vá aguando o local com água e açúcar.

Simpatia para Cortar Olho-Grande

2 juízos de corvina*
1 fava divina
1 dente de alho macho
1 noz-moscada inteira
7 punhados de arroz
1 pedacinho de cristal
Com um pedaço de morim faça uma trouxa. Mostre para os 4 cantos do mundo e vá fazendo os seus pedidos. Ponha atrás da sua porta. Quem tiver comércio, coloque dentro do estabelecimento. Pode-se, também, colocar dentro do automóvel, no espelho interno.
Só pode ser feito em Lua Nova, Crescente ou Cheia.

Simpatia para a Pessoa Amada Nunca lhe Esquecer, e ter Pensamento só para Você

1 cabeça de cera do sexo da pessoa
250 g de canjica
28 quiabos
2 velas de cera de 30 cm
1 bacia de ágate pequena
3 nozes-moscadas raladas
1 vidro de mel
Escreva com um lápis o nome da pessoa 7 vezes na cabeça de cera. Coloque dentro da bacia. Bata um ajabó com os 21 quiabos (pique os quiabos em cruz, junte açúcar, noz moscada ralada e um pouco de água), derrame em cima da

---

* Massinhas esbranquiçadas encontradas na cabeça do peixe.

cabeça de cera, como se fosse um batismo. Derrame em seguida a canjica, ponha a noz-moscada ralada e o mel. Enfie os 7 quiabos restantes inteiros; com a ponta para cima, ao redor da cabeça de cera. Faça seus pedidos. Acenda as duas velas juntas e entregue a Iyá Ori. Depois, mantenha aceso com uma vela de 7 dias. Após os 7 dias, despache em água corrente, menos a bacia e a cabeça de cera. Conforme for a necessidade, repita. E, com certeza, vai dar certo!

Simpatia para Crianças que tenham Dificuldades de Aprendizagem
    1 tigela branca
    1 cabeça de cera do sexo da criança
    250 g de canjica cozida (lavar a canjica antes)
    7 vezes o nome da criança, escrito a lápis
    1 vidro de água de flor de laranjeira
    7 acaçás brancos
    1 efum ralado
    1 pouco de cera de ori
    folha de macaçá
    1 obi branco ralado
    1 vela de 7 dias branca

    Misture a canjica com o efum ralado, a cera de ori, o macaçá, o obi ralado e a água de flor-de-laranjeira. Coloque o nome da criança dentro da cabeça. Em seguida, a mistura acima. Ponha a cabeça de cera dentro da tigela e cubra com os acaçás. Acenda a vela ao lado, ofereça a Iyá Ori e faça os seus pedidos.

Simpatia para a Pessoa Amada nunca sair de Casa ou para Voltar para Casa
    1 par de sapatos usados da pessoa
    2 ímãs, um em cada pé do sapato
    1 kg de açúcar mascavo
    1 lata de azeite doce
    1 pouco de canjica cozida
    mel de abelha

Faça um buraco na entrada do seu portão. Coloque o par de sapatos com o bico para dentro de sua casa. Ponha o açúcar, o azeite, a canjica e o mel. Vá fazendo os seus pedidos. Tampe o buraco. Sapateie bem em cima, fazendo os seus pedidos.
    Obs.: Esta simpatia pode ser invertida, virando-se as pontas para fora.

Simpatia para Abrir os Caminhos, Conseguir Coisas Difíceis e Emprego

    250 g de feijão fradinho, torrado
    250 g de milho vermelho, torrado
    21 moedas atuais
    7 ovos vermelhos
    7 ovos de pata
    7 ovos de codorna
    7 velas
    7 acaçás vermelhos, abertos
    7 acaçás brancos, abertos
    Procure uma estrada de chão batido ou um caminho de trilha no mato. Passe tudo pelo corpo e deixe cair no chão:
    o feijão torrado
    o milho
    as moedas
    os ovos vermelhos (quebre-os)
    os ovos de pata (quebre-os)
    os ovos de codorna (quebre-os)
    as velas
    os acaçás
    Peça para tirar todos os males e abrir os seus caminhos.

Simpatia para o Filho Ficar bem com os Pais, Tirando Revoltas, Mágoas, Traumas e Gênio

    1 tigela branca
    o nome do filho e o dos pais
    1 pera d'agua cortada em rodelas
    2 punhados de canjica cozida
    1 pouco de açúcar cristal
    1 pacote de algodão

Coloque o nome do filho e dos pais dentro da tigela. Em seguida, ponha a canjica cozida, o açúcar e cubra com o algodão. Acenda 2 velas de 7 dias brancas, juntas e faça seus pedidos. Após o sétimo dia, despache em uma cachoeira. E, com certeza, vai dar certo!

Simpatia para quem tem Problemas nas Vistas
1 prato branco raso, com açúcar cristal
1 par de olhos de boneca
8 gemas de ovos cruas, sendo uma no meio e 7 em volta.

Passe as gemas simbolicamente pelas vistas e vá arrumando uma de cada vez no prato com açúcar. Coloque os olhos de boneca por cima. Ofereça a Oxum Opará e rodeie com 8 velas amarelas.

Obs.: Este presente também é muito bom para quem joga búzios ter boa vidência.

Deixar 8 dias e levar na cachoeira, perto da água, ou quem tem Oxum assentada, colocar aos seus pés.

Simpatia para o Inimigo lhe Esquecer e Deixá-lo em Paz
1 pedaço de pano preto
7 corações de galinha
7 alfinetes de cabeça
7 vezes o nome da pessoa, escrito um a um.

Coloque o nome da pessoa, um por um, em cada coração. Na abertura do coração espete um alfinete. Repita este processo até o último. Enrole tudo no pano preto. Procure uma encruzilhada de barro e enterre. Coloque uma pedra bem pesada por cima. Ofereça ao Exu dono desta encruzilhada.

Simpatia para o Inimigo Sumir do seu Caminho
1 garra escura
7 vezes o nome do inimigo, escrito a lápis
7 pimentas malagueta
7 pimentas-da-costa
1 copo de álcool
7 féis de galinha
7 agulhas
7 alfinetes de cabeça

Simpatia para o inimigo
lhe deixar em paz

1 cartucho de pólvora
1 pouco de terra de encruzilhada
folhas de corredeira
Coloque tudo dentro de uma garrafa. Arrolhe com uma cortiça. Jogue num rio de água suja, de modo que não quebre a garrafa, e faça seus pedidos.

Simpatia para o Inimigo lhe Deixar em Paz

7 folhas de nega-mina
7 vezes o nome do inimigo
1 vela de cera, de 30 cm

Escreva o nome do inimigo em sete pedaços de papel e enrole, um a um, em cada folha de nega-mina. Procure uma pedreira e coloque embaixo de uma pedra bem pesada. Peça que o inimigo esqueça que você existe, lhe deixe em paz etc. Por último, acenda a vela em cima da pedra.

Simpatia para o Inimigo Sair do seu Caminho

1 panela de barro
7 vezes o nome do inimigo
7 pimentas-da-costa inteiras
7 cacos de vidro
7 sardinhas
1 garrafa média de azeite-de-dendê
1 metro de morim preto

Coloque todos os ingredientes dentro da panela. Por último, ponha o azeite-de-dendê. Amarre com o morim preto. Enterre em uma encruzilhada de chão. Ofereça ao Exu das 7 Encruzilhadas, fazendo os seus pedidos.

Simpatia para uma Pessoa Enjoar da Outra

1 panela de barro com tampa
7 jilós, verdes
alfinetes
óleo de rícino
óleo de mamona
óleo de amêndoa
óleo de copaíba

Parta os jilós no sentido vertical. Escreva os nomes em papéis separados e depois coloque um de costas para o outro. Feito isso, coloque os nomes dentro do jiló, fechando com os alfinetes. Repita o mesmo processo até o sétimo jiló. Coloque tudo dentro da panela, cubra com os óleos, tampe e coloque nos pés de Exu. Faça seus pedidos com fé. Caso você não tenha Exu assentado, enterre em uma encruzilhada de barro e ofereça ao Exu de sua predileção.

Simpatia para Arranjar um Amor

 3 rosas vermelhas, de jardim
 3 rosas brancas, de jardim
 1 boneca de anil
 Coloque as rosas no sereno por três dias. No dia seguinte esfregue-as na palma da mão, para tirar o sumo, adicionando um pouco d'água. Acrescente o anil num balde e tome um banho, do pescoço para baixo. Não se enxugue. Boa sorte!

Simpatia para Cortar todos os Males, Feitiços, Olho-Grande e negatividades
Para você poder caminharem paz.

 (Este preceito somente pode ser feito entre 5 e 7 horas da manhã em jejum. Guarde resguardo um dia antes.)
 1 alguidar médio
 7 ovos brancos crus
 canjica cozida
 azeite doce
 Arrume os ovos dentro do alguidar. Sente-se e coloque-o em sua frente. Ponha os 2 pés em cima e force lentamente, para que quebrem os ovos. Cubra tudo com a canjica e regue com o azeite. Faça seus pedidos. Procure uma estrada de subida e entregue.

Simpatia para Dinheiro

 (Esta simpatia só pode ser feita de quinta para sexta-feira.)
 1 tigela
 1 garrafa de água mineral sem gás
 1 pedra de jade

1 pedra de cristal
1 pedra de ametista
1 pedra de topázio
16 moedas atuais

Arrume tudo dentro de um tigela; as moedas com o valor para cima. Coloque a água mineral e 7 pitadas de sal. Deixe dormir no tempo, de quinta para sexta. Retire somente após as 18:00 horas. Faça um saquinho de pano e coloque as pedras e as moedas, pendurando atrás de sua porta de entrada.
No ano seguinte repita o mesmo processo.

Simpatia para sair de Casa e Voltar com Segurança

Abençoada é a hora
Que eu saio de porta a fora
Me acompanha Nossa Senhora
E os anjos da glória
Que me defenderão de todos os males
Que se aproximarem de mim.
Não serei preso nem distraído.
Se tiverem pernas não me alcançarão.
Se tiverem braços não me pegarão.
Se tiverem boca não me falarão.
Se tiverem olhos não me enxergarão.
Se tiverem ouvidos não me escutarão.
Andarei como andou Menino Jesus
9 meses no ventre da Virgem Maria.
Amém.

Ebós para todos os Fins

Ebó para Despachar Egum
1 alguidar número 4
9 velas
9 acarajés de dendê
9 moedas atuais
9 ovos
9 bolas de farinha
9 bolas de arroz
9 acaçás brancos
1 obi
9 punhados de farofa de dendê

Modo de fazer:
Passe tudo pelo corpo e coloque dentro do alguidar. Enrole o alguidar em nove palmos de morim e despache no mato.

Ebó para ser Feito Antes do Final do Ano
(Fazer em um rio)
    1 vela
    1 ovo
    1 bola de algodão
    1 bola de farinha
    1 acaçá

Modo de fazer:
Acenda a vela. Vá passando os ingredientes no corpo, pela ordem acima, e jogue dentro do rio. Por último, passe a vela acesa, quebre-a e jogue também no rio.
Ao chegar em casa tome um banho com as seguintes folhas: macaçá, bétis-cheiroso, manjericão branco.

Ebó para Limpar sua Casa Antes do Final do Ano
Passe um pombo branco pelos cantos de sua casa. Vá até o portão e solte-o, pedindo para levar todas as negatividades e trazer muita paz. Depois, pegue aroeira, peregum e quarana e bata também nos cantos da casa; despache estas folhas num rio de água corrente.

Ebó para Tirar o Inimigo do seu Caminho
1 quartinha (se for homem, sem alça; se for mulher, com alça)
7 vezes o nome da pessoa
1 miolo de boi
7 pimentas-da-costa inteiras
pó de carvão misturado com farinha-de-mandioca
1/2 metro de pano preto

Modo de fazer:
Coloque o nome dentro da quartinha com o miolo por cima, as pimentas e complete com a farofa até a boca. Tampe a quartinha. Enrole no pano preto (faça tipo uma trouxa). Procure um mangue ou uma vala negra e deixe ali a trouxa, oferecendo a Exu do Lodo, pedindo a ele que afaste a pessoa do seu caminho.

Ebó para Despachar Doença do seu Caminho
Se a pessoa estiver doente faça, que é muito bom
1 metro de morim branco
1 vela branca
1 peixe (sioba), sem escamas e sem vísceras
1 bola de farinha-de-mandioca crua, pequena

1 acaçá branco
1 ecuru
1 moeda atual
11 fios de palha-da-costa

Modo de fazer:
Abra o morim em sua frente. Acenda a vela ao lado. Passe o peixe, simbolicamente, pelo corpo da pessoa e coloque-o em cima do pano. Em seguida, passe os outros ingredientes na ordem acima e vá colocando dentro da barriga do peixe. Por último, passe a vela. Faça tipo uma trouxa e amarre com 11 fios de palha-da-costa. Despache no mar, na hora que a maré estiver vazante. Peça para levar as doenças e mazelas.

Ebó para Trazer a Pessoa Amada de Volta

Pegue um pedaço de papel branco quadrado e dobre em cruz. Coloque o nome da pessoa dentro do papel e um dente de alho descascado junto. Ponha debaixo de um móvel bem pesado e diga assim:

Como este móvel é pesado, e esmaga este dente de alho, que pese o pensamento de "fulano" para vir falar comigo.

Ebó para Adoçar a Pessoa Amada

1 tijela branca
7 vezes o nome do fulano (escrito a lápis), com o seu por cima
2 gemas de ovos (cruas)
2 acaçás brancos, desembrulhados
1 pouco de mel
1 pouco de azeite doce

Modo de fazer:
Coloque os nomes dentro da tijela, acrescente as 2 gemas inteiras por cima e os 2 acaçás ao lado. Jogue por cima o azeite doce e depois o

mel. Acenda 2 velas brancas ao lado, durante 7 dias. Procurar acender sempre no mesmo horário, fazendo seus pedidos.

Ebó para Cortar Feitiço, Olho-Grande e Quebrar as Forças do Inimigo
1 ovo de pata
7 agulhas grossas

Modo de fazer:

Segure o ovo com a mão esquerda e as agulhas com a direita. Passe 7 vezes pelo seu corpo, de cima para baixo. Enterre as agulhas, uma a uma, no ovo, de forma que ela passe de um lado para o outro. Feito isto, enterre o ovo e plante um pé de comigo-ninguém-pode em cima. Se você não tiver quintal, faça-o num vaso de plantas.

Ebó para que Tudo Corra bem Durante o Carnaval
7 ovos
7 velas brancas
farofa de mel
farofa de dendê
farofa de cachaça
7 acaçás vermelhos
7 acaçás brancos
7 acarajés
7 moedas atuais
1 alguidar número 4

Modo de fazer:

Passe tudo pelo corpo e coloque dentro do alguidar. Coloque numa bolsa e leve para despachar no mato, perto de uma trilha, ou numa encruzilhada de barro. Ao voltar para casa, jogue um pouco de água na rua.

Ebó de Misericórdia
250 g de canjica
250 g de milho alho
250 g de arroz branco
250 g de feijão branco
7 ovos
7 velas brancas
7 moedas atuais

Modo de fazer:
Dê uma rápida fervura nos cereais; arrume tudo dentro de uma bolsa e vá até uma praia. Ao chegar, na beira da praia, vá passando tudo no corpo, pedindo misericórdia. Por fim acenda as velas. Ao chegar em casa, tome um banho com a água da canjica.

Ebó para Afastar Egum e Doenças, nos Caminhos de Yorossun
4 palmos de morim branco
4 velas brancas
4 bolas de arroz branco
4 bolas de farinha de mesa
4 acaçás brancos
4 acarajés brancos, sem sal (fritos no óleo ou azeite doce)
4 ovos brancos
4 punhados de pipoca
1 pedaço de carne fresca
1 pedaço de toucinho fresco

Modo de fazer:
Passe o morim pelo seu corpo. Abra-o em sua frente. Em seguida, vá passando os outros ingredientes na ordem acima. Deixe para passar por último as velas, que deverão ser quebradas após. Faça uma trouxa e mande uma pessoa que seja de Ogum, Omolu, Iansan ou Nanã despachar num pé de bambu amarelo ou no

caminho de um cemitério. Depois do ebó, tome um banho de dandá-da-costa e peregum, cozido.

Ebó para Tirar Negatividade de Dentro da sua Casa
(Como por exemplo: feitiço, inveja, olho-grande, demandas e todas as mazelas)

Passe um pombo escuro em todos os cantos de sua casa e vá fazendo seus pedidos. Solte o pombo em uma encruzilhada. Ao voltar, bata as seguintes folhas nos cantos de sua casa: peregum, teteregum, quarana e aroeira. Se tiver quintal, faça a mesma coisa. Quebre as folhas e despache em água corrente. Por último faça um defumador com erva-doce, noz-moscada ralada e açúcar mascavo. Este defumador é de fora para dentro. E, boa sorte!

Ebó para Afastar Doença ou para Tirar Alguém do Hospital, pelos Caminhos de Ossá
9 palmos de morim branco
9 punhados de canjica cozida
9 bolas de farinha
9 bolas de arroz
9 moedas correntes
9 acaçás brancos
9 velas
1 obi claro

Modo de fazer:
Coloque tudo em cima do morim. Faça uma trouxa. Passe no corpo da pessoa, ou no seu, fazendo os seus pedidos, para tirar os males carnais e espirituais. Procure uma árvore e amarre num galho. Evite passar neste local nos próximos dias.

Ebó para Tirar Ori Ejó
(Ou seja, pessoas que têm cabeça de confusão, onde chegam saem brigas, discussões e fofocas)

1 alguidar número 5
7 palmos de morim branco
7 ovos vermelhos
7 agulhas grossas
7 velas brancas

Este ebó deve ser feito em Lua Nova ou Minguante.

Modo de fazer:
Acenda a vela em frente à pessoa. Passe o morim em seu corpo e abra-o no chão. Passe o alguidar e coloque-o em cima do pano. Ponha o ovo na mão esquerda e a agulha na mão direita. Passe o ovo e a agulha pelo corpo da pessoa. Próximo a seus pés e, com o ovo no sentido vertical, enterre a agulha no sentido horizontal no ovo, de forma que ela passe de um lado para o outro. Ao enterrar a agulha, diga o seguinte:
As agulhas cortam os feitiços
Os ovos quebram os ejós.
Repita este processo até o último ovo e agulha.
Quando terminar, enrole tudo, amarre com uns fios de palha-da-costa e despache num mato bem fechado.

Ebó para Tirar Doenças Espirituais e ter bom Desenvolvimento e Facilidade nos Estudos

1 metro de morim (rosa, se for menina; azul, se for menino)
7 cocadas brancas
7 moedas atuais
farofa de mel
7 bananas
7 maçãs
7 quiabos bem pequenos
7 acaçás com açúcar, pequenos, desembrulhados
1 vela de aniversário (rosa, se for menina; azul se for menino)

Ebó para tirar Ori Ejó

Modo de fazer:
Arrume tudo em cima do morim. Passe pelo corpo da criança, simbolicamente. Procure um jardim bem bonito, que tenha uma árvore sem espinhos. Coloque esse ebó aos pés desta ávore. Acenda a vela. Chame por Ibeji e faça os seus pedidos, em intenção da criança. Após o ebó, dê um banho na criança com macaçá e poejo.

Um Ebó para Cortar Feitiço e Olho-Grande pelos Caminhos de Ossá

9 palmos de morim preto
1 panela de barro, média
9 acaçás
9 bolas de farinha
9 bolas de arroz
9 ovos de codorna
9 ovos de pata
9 agulhas grossas
9 velas pretas

Modo de fazer:
Passe o morim em seu corpo e abra-o na sua frente. Passe a panela também pelo corpo e ponha-a em cima do morim. Logo em seguida, passe os acaçás, as bolas, os ovos (vá quebrando-os). Por último, as agulhas e as velas. Amarre a panela com o morim. Despache num pé de árvore seca. Você não deverá mais passar perto deste lugar.

Ebó para Quebrar as Forças do Inimigo e Ele lhe Esquecer

1 alguidar número 3, pintado de preto
1 metro de pano preto
7 vezes o nome do fulano
1 miolo de boi, fresco
farinha-de-mandioca, pó de carvão e 7 pimentas-da-costa inteiras (misture)
óleo de mamona e óleo de rícino

Modo de fazer:
Coloque o nome dentro do alguidar e ponha o miolo por cima. Cubra com a farofa. Enrole tudo com o pano. Enterre nos pés de uma árvore que tenha espinhos e faça os seus pedidos.

Ebó para Exu Lonan Abrir Seus Caminhos
(Exu Lonan é o Bara dos caminhos.)
Este ebó é para tirar feitiço, olho-grande, inveja.

1 metro de morim vermelho
1 alguidar médio
7 velas brancas
1 bife de boi, cru
7 moedas atuais
7 búzios abertos
1 farofa de dendê, com uma pitada de sal
7 limões
7 acaçás vermelhos
7 ovos vermelhos
1 obi

Modo de fazer:
Abra o morim em sua frente. Acenda as velas. Passe o alguidar pelo seu corpo e coloque-o em cima do pano. Passe os ingredientes no corpo, pela ordem acima. Por último, abra o obi, e leve-o até sua boca, fazendo seus pedidos. Deixe-o em cima do ebó. Feche o morim. Este ebó tem que ser despachado em rua de muito movimento, onde tenha muitas casas comerciais.

Ebó para Tirar o Lado Negativo de Okaran
1 m de morim preto
1 pedra de carvão vegetal grande
farofa de dendê, com uma pitada de sal
1 acarajé (frito no dendê)
1 moeda atual

1 acaçá vermelho
1 ovo
1 vela preta

Modo de fazer:

Acenda a vela. Passe o pano simbolicamente pelo corpo. Abra-o no chão e vá passando os ingredientes na ordem acima e colocando no pano. Por último, passe a vela e quebre-a. Faça uma trouxa e despache numa encruzilhada de barro aberta. (O ovo não precisa quebrar, só trincar.)

Se quiser, passe um pombo escuro no corpo, abra-lhe o bico e peça para que leve toda a negatividade. Em seguida, solte-o.

Após este ebó tome um banho (cozido) de dandá-da-costa e peregun.

Todos que fazem este ebó devem, em seguida, dar um presente a Bara Lonan.

Ebó para Tirar o Lado Negativo de Okaran, nos Caminhos de Exu

1/2 metro de morim preto
1 pedra de carvão
1 limão cortado em quatro
1 acaçá vermelho
1 ovo cru
1 vela preta

Modo de fazer:

Passe o morim pelo seu corpo e abra-o em sua frente. Acenda a vela ao lado. Passe os outros ingredientes pela ordem acima e coloque-os em cima do pano. Passe a vela e quebre-a. Amarre tipo uma trouxa e despache num mato bem fechado.

Após 3 dias ofereça um presente a Exu Odará.

Ebó para que Etaogundá Abra os Caminhos

1 alguidar nº 1, forrado com 3 folhas de mamona
3 acaçás brancos, desembrulhados
1 acaçá vermelho também desembrulhado
3 ovos brancos
1 ovo vermelho
3 pregos grandes
3 moedas atuais
3 conchas do mar
3 velas

Modo de fazer:
(Este ebó deverá ser feito numa estrada.) Arrume no alguidar os acaçás e enterre neles as moedas e as conchas. Coloque os pregos com as pontas finas para cima, ao lado. Trinque cada ovo e arrume no alguidar. Saia e procure uma estrada. Ande com o alguidar 21 passos e entregue para Etaogundá, fazendo seus pedidos. Evite passar neste local por alguns meses.

Ao chegar em casa, tome um banho de guiné e aroeira (do pescoço para baixo). Três dias após ofereça um inhame assado (com taliscas de mariô) a Ogum.

Ebó para Afastar Egum, pelos Caminhos de Yorossun

Para afastar forças negativas

1 pedaço de morim branco
4 ekurus
4 acarajés brancos
4 bolas de tapioca
4 acaçás brancos, desembrulhados
4 punhados de pipoca
4 punhados de canjica cozida
1 pedaço de toucinho fresco
4 ovos crus
4 moedas atuais
7 folhas de aroeira e peregun

Modo de fazer:
(Este ebó só poderá ser feito no mato.)
Abra o morim em sua frente. Acenda as velas juntas. Passe os ingredientes pelo seu corpo. Vá colocando tudo em cima do pano. Faça tipo uma trouxa, sem dar nó, e deixe no mesmo lugar. Passe 7 folhas de peregun e aroeira pelo seu corpo e jogue no ebó.
Ao chegar em casa tome um banho cozido com betis-cheiroso, manjericão branco, colônia e teteregun.

Ebó para Tirar o Lado Negativo de Ejilaxeborá

12 quiabos crus, bem retinhos e bem compridos, picados em cruz, numa tigela
1 noz-moscada ralada
açúcar mascavo
azeite doce
água de cachoeira
7 palmos de morim branco
pedaço de sabão da costa
muda de roupa limpa, clara

Modo de fazer:
(Este ebó você deverá fazer numa cachoeira, e sempre acompanhado de outra pessoa.)
Dentro da tigela, junto ao quiabo picado, coloque a noz moscada, o açúcar mascavo, o azeite doce e a água da cachoeira. Bata bem. Peça ao seu acompanhante para passar em sua cabeça, da nuca para o rosto, ou seja, de trás para frente, descendo até os pés, espalhando bem. Pegar o morim e fazer a mesma coisa, limpando bem. Abra as pernas e deixe cair o morim, para ser levado pelas águas. Jogue a tigela para trás. Não olhe para baixo, nem para trás. Tome um banho de cachoeira, com o sabão-da-costa. Três dias após, ofereça um presente à Obará.

Outro ebó para despachar o lado negativo de Ejilogbon

Outro Ebó para Despachar o Lado Negativo de Ejilogbon
(Para tirar feitiço, doença)

1 m de morim preto
1 panela de barro com tampa
1 peixe bagre
13 ekurus
13 bolas de farinha de mesa
13 bolas de feijão preto
13 acaçás embrulhados
13 moedas atuais
13 velas brancas
fios de palha-da-costa

Modo de fazer:
Acenda as velas. Passe o morim pelo corpo e abra-o no chão. Passe também a panela e coloque-a em cima do morim. Vá passando os ingredientes pela ordem acima e colocando dentro da panela. Por último passe as velas, quebre-as e tampe a panela. Feche com o morim e amarre com os fios de palha-da-costa. Despache num manguezal.

N.B.: É importante observar que após fazer este ebó a pessoa deverá fazer um ebó de Egum e, em certas ocasiões, precisará fazer um preceito para Orixá (obi d'água, bori ou até feitura).

Índice Temático

Alimento e Fartura (nunca faltar) 17, 18
Amante (tirar, afastar) 63
Atração (pó, banho) 51, 53, 55, 60
Amor (pedir, arranjar) 11, 34, 46, 51, 64, 75
Arma de fogo (livrar-se de) 57
Beber (deixar de) 68
Brigas (tirar) 15
Caminhos (abrir) 8, 12, 21, 23, 31, 61, 62, 71, 88
Clientes (trazer) 13
Descarrego 53
Dinheiro (conseguir, chamar) 8, 33, 37, 50, 53, 67, 75
Doença (despachar, afastar) 78, 81, 82, 91
Doença espiritual (tirar) 83
Egum (espantar) 49, 77, 81, 88
Emprego (conseguir) 62, 71
Energia positiva (como obter) 24
Falsidades, traições (cortar) 15
Feitiço (cortar) 65, 75, 80, 82, 85, 86, 91
Filho (tirar revoltas, mágoas de) 71
Glicose (baixar) 65
Hospital (tirar do) 82
Imóvel (vender, alugar) 67
Inimigos (afastar, sumir, deixar em
    paz, esquecer) 57, 59, 62, 63, 72, 74, 78, 85
Inveja, demanda (espantar) 55, 82, 86
Misericórdia (pedir) 22, 81

Olho-Grande (afastar, cortar) 50, 55, 65, 69, 75, 80, 82, 85, 86
Paz 45, 52
Pessoa amada (segurar, amarrar,
    acalmar, adoçar) 26, 27, 64, 68, 70, 79
Pessoa inconveniente (afastar) 62, 63, 65
Prosperidade (trazer) 29, 31, 33, 34, 36, 37, 42, 43, 45, 46, 52, 67
Saúde 45
Simpatia, amor (atrair) 51
Sorte (obter dentro de casa, comércio) 29, 33, 34, 45, 50, 52, 53, 59
Sucesso 51
Tranqüilidade (conseguir) 45, 52
Vistas (problemas de) 72

Este livro foi impresso em setembro de 2019,
na Gráfica Exklusiva, em Curitiba.
O papel de miolo é o offset 75g/m2 e o de capa é o cartão 250g/m2.